앞으로 3년,
미국 랠리에 올라타라

앞으로 3년, 미국 랠리에 올라타라

2017년 4월 18일 초판 4쇄 발행

지은이·양연정

펴낸이·김상현, 최세현
편집인·정법안
책임편집·손현미, 김유경 | 디자인·최윤선

마케팅·권금숙, 김명래, 양봉호, 임지윤, 최의범, 조히라
경영지원·김현우, 강신우 | 해외기획·우정민
펴낸곳·(주)쌤앤파커스 | 출판신고·2006년 9월 25일 제406-2012-000063호
주소·경기도 파주시 회동길 174 파주출판도시
전화·031-960-4800 | 팩스·031-960-4806 | 이메일·info@smpk.kr

ISBN 978-89-6570-436-2 (03320)

(CIP제어번호:CIP 2017006709)

앞으로 3년, 미국랠리에 올라타라

★★★

지금 당장 시작하는
미국 ETF부터
부동산 리츠 투자까지

양연정 지음

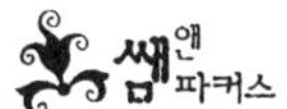

★ ★ ★

"난 트럼프와 개인적으로 1초도 마주하고 싶지 않아요.
하지만 그가 내 주식가격을 올려줄 사람이란 것은 압니다."

– 샌프란시스코의 헤지펀드 매니저

Prologue

트럼프 시대의 미국은 '저평가 우량주'

핌코 임원이 새벽 2시에 출근하는 이유, 아시아 투자자들을 미국으로

"미국 경제는 강할 것이다. 금리 인상이 곧 시작될 것이며, 달러화 강세가 전망된다."

핌코PIMCO의 최고운용책임자CIO 스콧 매더Scott A. Mather와 나는 2015년 어느 월요일 새벽 2시, 한 아시아 국책은행과 콘퍼런스콜에서 미국 시장 전망을 피력하고 있었다. 세계 최대 채권 운용사의 CEO급 책임자가 아시아 시간대에 맞춰 새벽 2시에 출근해야 할 정도로 회사 상황은 긴박했으며, 미팅은 전략적으로 중요했다.

'아시아 투자자들의 미국 투자 유치'는 핌코의 미래 핵심 전략이었다. 핌코는 '채권왕'으로 불린 빌 그로스Bill Gross가 1971년에 설립한 세계 최대 채권 운용사다. 한때 운용 자산이 3조 달러(약 3600조 원)에 달했으나, 2013년 이후 설립자 빌 그로스의 몰락과 미국의 금리 인상 우려가 겹치며 고전하고 있었다. 매달 우리 돈 수천억 원이 핌코의 펀드를 떠났다.

회사는 대안으로 아시아 투자자들의 미국 투자에 주목했다. 가장 강력한 수요가 파악된 시장이었기 때문이다. 아시아 지역의 연금, 국책은행, 보험사는 너나 할 것 없이 미국 투자를 늘리고 있었다. 글로벌 분산투자 전략 측면에서, 높은 수익률을 찾아서, 자국 통화 절하 때문에 등 이유는 다양했지만 '미국 투자를 늘린다'는 목표는 같았다.

이들은 전체 자산 중 해외 투자 비중을 30~50%까지 늘리겠다는 목표를 세웠다. 전 세계 시장의 절반을 차지하는 미국은 해외 투자의 교두보였다. 투자 자산도 다양했다. 전통적인 주식과 채권은 물론 부동산, 헤지펀드 등 대체 투자도 인기였다.

매일 한국·중국·일본·대만 투자자들에게 미국 투자의 필요성을 전화로, 프레젠테이션으로, 분석 자료로 설득하는 것이 나의 주 업무였다. 그러다 보니 개인적으로 미국 주식과 ETF, 부동산 투자를 시작했고, 주변에도 추천했다. 돈 많은 기관만 미국에 투자하란 법은 없지 않은가.

상처만 남긴 한국의 해외 펀드 흑역사 30년, '몰빵'과 신흥국 중심 투자가 문제다

"미국 투자? 그런 걸 왜 하나? 내 주변에 해외 펀드 해서 돈 번 사람이 없다."

미국 투자를 추천하는 내게 한국 출장길에 만난 연세 지긋한 사업가가 반박했다. 하긴 한국의 개인투자자들에게 해외 투자는 별로 좋은 경험이 아니다.

해외 펀드의 흑역사는 30여 년 동안 반복되었다. 대표적으로 미래에셋의 인사이트 펀드가 있다. 2007년 10월 출시 한 달 만에 4조 원이 넘는 자금을 끌어모았지만, 펀드 설정 직후 터진 금융위기로 2008년 연간 손실률이 50%가 넘었다. 나도 당시 1년 치 연봉을 날린 아픔이 있다. 그보다 10년 전인 1998년에는 'IMF 사태'로 더 잘 알려진 아시아 외환위기, 그 전엔 러시아와 중남미의 국가 부도 사태로 국내 유수 증권사들의 펀드가 줄줄이 나가떨어졌다.

금융 투자는 신뢰의 비즈니스다. 내 돈을 남에게 맡기는 것은 단순히 식당에서 식사하고 옷을 사는 문제와 차원이 다른 신뢰가 필요하다. 인공지능과 데이터 분석의 시대에도 미국의 금융회사들이 여전히 고급스러운 사무실에 정장 입은 직원을 배치하는 이유다. 30년 동안 해외 투자로 손해만 봐온 한국의 개인투자자들에게 미국에 투자하라고 설득할 수 있을까?

과거 30여 년간 해외 펀드의 흑역사는 오히려 미국 투자가 필요하다는 증거다. 실패 사례의 공통점은 두 가지다. '신흥국 몰빵 투자'와 '투자 정보 부족'. 이 책이 추천하는 미국 투자는 정확히 반대다. 미국 시장은 전 세계에서 정보가 가장 풍부하며, 투명하게 공개되는 곳이다. 한국 투자자들에게 필요한 것은 신흥국 몰빵 투자가 아니라 선진국 분산투자다.

스탠퍼드 경영대학원 출신으로 한국 생활 9년 차인 오하드 토포Ohad Topor는 이스라엘인 펀드매니저다. 그는 서울과 런던을 오가며 투자회사 TCK 인베스트먼트TCK Investment의 대표이사로 일한다(JTBC 예능 프로그램 〈비정상회담〉에 미국 대표로 나오는 마크 테토Mark Tetto가 이 회사 상무다). 글로벌 투자 전문가 토포는 '한국 투자자들의 미국 투자'에 대해 다음과 같이 말했다.

"한국 사람들은 글로벌 위기와 해외 투자에 트라우마가 있다. 이런 투자자들을 설득하려면 상품을 판매하기 전에 '글로벌 투자가 왜 필요한지, 미국이 왜 좋은 투자처인지' 설명해야 한다. 한국 투자자들이 원하는 것은 단순한 투자 상품 정보가 아니다. 먼저 '왜 해외에, 특히 미국에 투자해야 하는가?'에 답을 해줘야 한다. 상업적 목적이 없고 국제적 신용도가 있는 인물이 말해주면 더 좋다."

왜 미국에 투자해야 하는가?
안전자산인데다 수익률도 높다

"한국 드라마나 영화를 보면, 한국인은 전 세계에서 가장 창의적이고 혁신적인 사람들이에요. 그런데 왜 투자에는 이렇게 폐쇄적일까요?"

스탠퍼드 경영대학원 회계 담당 교수로 있는 대만계 캐나다인 찰스 리Charles Lee 교수의 말이다. 그는 본인 소유의 헤지펀드인 니푼캐피털Nipun Capital에서 펀드매니저를 겸한다. 오전에는 헤지펀드에 출근해 투자 결정을 지휘하고, 오후에는 대학에서 학생들을 가르친다. 찰스 리의 수업은 스탠퍼드 경영대학원 학생들에게 무척 인기가 높다. 스탠퍼드 교수로 부임하기 전에 그는 바클레이즈에서 대표적인 분산투자 상품인 상장지수펀드ETF를 최초로 개발하기도 했다.

ETF를 개발한 리 교수나 미국 투자 유치를 주 업무로 하던 나에게 장기 분산투자 측면에서 '미국 투자'는 당연한 일이었다. 미국 주식시장의 시가총액은 전 세계 주식시장의 절반을 차지한다. 미국의 금리와 달러화 가치에 따라 글로벌 금융시장이 요동친다. 트럼프Donald Trump 대통령 취임 후 그의 말(트윗)과 행동(행정명령)에 전 세계가 촉각을 곤두세우는 이유다.

특히 대외 환경에 취약한 한국 경제의 특성상, 한국 투자자에게 미국 투자는 안전자산이자 글로벌 위기에 대한 보험 역할도 할 수 있다. 안전자산이라고 수익률이 낮은 것도 아니다. 2016년 미국 증시 3대 지수는 평균 10% 이상 상승해 일본과 유럽을 큰 폭으로 앞섰다.

그러나 통계로 본 현실은 달랐다. 선진국은 물론이고 아시아 국가 중에서도 한국 투자자들의 부동산 편중, 금융 투자의 국내 선호 현상Home Bias은 가장 심각했다. 2012년 기준으로 한국 투자자들은 자산의 3/4이 부동산, 나머지의 절반은 예금이다. 전체의 15%에 못 미치는 금융 투자자산 중 해외 투자 비중은 30%도 안 되고, 그나마 중국이나 신흥국이 대부분이다. 미국 투자는 없다시피 하다.

리 교수와 나는 그 문제를 더 파보기로 했다. 2015년 초 우리는 '미국 투자'와 '아시아'라는 키워드에 집중해 〈아시아 투자자들은 왜 국내 투자를 선호하나? 한·중·일 비교 연구〉라는 논문 집필을 계획했다. 리 교수와 논문을 준비하며 나는 수집한 자료를 바탕으로 블로그, 영상, 출판 등 다양한 미국 투자 콘텐츠 개발을 본격적으로 추진했다. 대학원 시절에 투자 콘텐츠 개발은 좋아서 하는 일이었다. 12년간 업계에서 익숙해진 '덕질'이 미래에 사업으로 이어지리라고는 상상하지 못했다.

콘텐츠 개발에서 투자 사업까지, 스탠퍼드와 버클리의 투자 멘토들

1984년부터 스탠퍼드 경영대학원 교수로 재직 중인 대럴 더피Darrell Duffie는 채권시장과 파생상품, 금융 규제 전문가다. 그는 연방준비제도이사회FRB와 유럽중앙은행ECB의 금융 규제 개혁안에 광범위하게 참여했으며, 국제 신용평가기관 무디스의 이사로 재직 중이다.

더피 교수와 나의 첫 연결 고리는 환율 파생상품 키코KIKO다. 잘 알려진 대로 키코는 2005년 환율 하락기에 수출 업체들의 수익성 방어를 위해 개발·판매되었으며, 금융위기와 함께 환율이 급등하자 500여 개 기업에 2조 원이 넘는 손실을 끼쳤다.

카이스트 전자공학과를 졸업한 나는 2005년 JP모간에 입사해 2009년까지 서울과 홍콩 지점에서 파생상품 판매와 개발, 운용 관련 업무를 맡았다. 금융위기 발발 후에는 JP모간 홍콩 지점을 떠나 9개월간 국회 정무위원회 소속 비서관으로 파생상품 관련 소송과 규제 개선 업무를 맡기도 했다.

대학원 시절 나는 더피 교수의 '채권시장Debt Market' 강의 시간에 JP모간과 국회에서 일한 경험에 대해 종종 발언했다. 내 특이한 이력에 흥미를 느낀 더피 교수는 수업 시간 중 20분 동안 KIKO 사례를 발표하게 했다. 이를 계기로 더피 교수와 나는 학업과 취업, 금융시장에 대해 스스럼없이 이야기하는 사이가 되었다.

더피 교수는 독학으로 중국어를 공부할 정도로 아시아 시장에 관심이 많았다. 졸업 후 핌코에 입사해 아시아 투자자들의 미국 투자 담당자로 일해보라고 추천한 것도 더피 교수다. 그는 "취직이든 창업이든 외형은 중요하지 않다"며 나의 미국과 아시아 시장 경험이 가장 잘 발휘될 수 있는 '연결 고리' 역할에 집중하라고 조언했다. 나의 설익은 현장 경험은 스탠퍼드 교수들과 인연, 핌코의 세계적인 리서치 시스템을 거치며 '아시아 투자자들을 위한 미국 투자 콘텐츠' 생산 역량으로 진화할 수 있었다.

미국 투자 콘텐츠 개발을 사업화할 결정적 계기를 제공한 사람은 캘리포니아대학교 버클리캠퍼스UC버클리 경영대학원의 샘 올레스키Samual Olesky 교수다. 2004년부터 UC버클리에서 투자 과목을 가르치는 그는 스탠퍼드의 리 교수와 마찬가지로 본인의 헤지펀드인 올레스키캐피털Olesky Capital 운영을 겸한다. 샌프란시스코에서 30년째 펀드를 운용한 올레스키 교수는 현지의 투자 전문가들과 통하는 네트워크의 핵심이다.

올레스키 교수는 지인을 통해 나의 미국 투자 콘텐츠에 대해 듣고, 본인의 펀드 사업에 참여할 것을 제안했다. 올레스키캐피털과 나는 몇 달간 연방 법과 캘리포니아 주 법을 검토한 끝에 2016년 말 첫 투자 중개 거래를 맺었다. 2017년 현재 우리는 미국과 홍콩, 한국의 기관·개인투자자들과 접촉하며 다양한 미국 투자 콘텐츠와 상품을 개발 중이다.

이 책은 아시아 투자자들의 미국 투자를 위한 콘텐츠 개발의 일환으로 시작되었다. 스탠퍼드와 UC버클리의 투자 전문가들을 참여시킨 것은 해외 투자를 불신하고 어려워하는 한국 투자자들에게 글로벌 전문가들의 중립적 견해를 통해 미국 투자의 필요성을 설득하고, 양질의 투자 정보를 제공하기 위함이다.

트럼프 시대의 미국은 '저평가 우량주', 냉정한 투자자의 눈으로 트럼프를 보자

그리고 트럼프가 등장했다. 2015년 트럼프가 대선 출마를 선언했을 때 나도, 투자자들도, 교수들도 그를 신문 가십 면에 등장할 만한 후보쯤으로 생각했다. 그러나 2016년 여름, 트럼프가 공화당 경선 후보로 확정되고 대선 레이스가 본격적으로 시작되면서 '트럼프 대통령'은 상당히 가능성 높은 시나리오가 되었다. 마침내 2016년 11월 8일, 트럼프는 45대 미국 대통령에 당선되었다.

트럼프의 당선만큼이나 금융시장의 반응도 전문가들의 예측을 빗나갔다. 대다수 언론과 전문가들이 우려한 금융위기는커녕 '트럼프 랠리'가 시작되었다. 트럼프 당선 이후 2016년 연말까지 다우존스산업평균지수는 10% 넘게 상승했고, 트럼프 취임 5일 뒤인 2017년 1월 25일에는 꿈의 2만 포인트를 넘었다.

"트럼프 랠리는 앞으로도 지속될까?"

"한국 투자자들에게 미국 투자는 여전히 좋은 전략일까?"

이 책에 등장하는 리·더피·올레스키 교수와 스탠퍼드의 정치·경제 전문가들은 '그렇다'고 대답한다. 한결같이 트럼프 시대의 미국은 강할 것이라고 예상한다. 트럼프를 개인적으로 싫어하는 사람들도 마찬가지다. 보호무역과 이민 제한에 따른 장기적인 부작용을 예상하는 사람들도 단기적인 경기 부양 효과에는 이견이 없다.

샌프란시스코에서 일하는 헤지펀드 매니저가 말했다.

"난 트럼프와 개인적으로 1초도 마주하고 싶지 않아요. 하지만 그가 내 주식가격을 올려줄 사람이란 것은 압니다."

트럼프에 대해 미국 현지와 한국 언론의 온도 차는 여전히 크다. 미국 주류 언론도 민심 파악에 실패하고 있으니 한국 언론의 잘못만은 아니다. 그러나 별다른 이유 없이 반反트럼프 정서에 젖어 있는 것은 문제다. 좋은 기회를 날려버릴 수 있기 때문이다. 투자자라면 현실을 냉정하게 봐야 한다. 한국에 알려진 이미지와 달리 트럼프는 의외로 신중하고 조심스러운 면도 있는 사람이다. 꿈은 크지만 실행 전략은 보수적이다. 거친 언행에 전략적 신중함이 가려졌을 뿐이다.

트럼프 시대는 위기가 아니라 기회다. 트럼프 시대의 미국은 '저평가 우량주'다. 트럼프에 대한 지나친 불안감과 위기의식 때문에 미국 경제의 긍정적인 면이 과소평가되고 있다. 트럼프 당선 직후 시작된 '미국 랠리'는 금융시장이 그 사실을 미리 알았다는 증거다. 트럼프의 공격적인 언사에 가려진 미국 투자 기회의 실체를 봐야 한다. 트럼프라는 먹구름을 걷어내고 보면 미국 경제는 튼튼하다.

냉정한 투자자의 눈으로 트럼프를 바라보자. 트럼프에겐 모든 것이 거래다. 그래서 전 세계가 그를 이용할 기회를 엿보고 있다. 일본도, 중국도, 영국도 트럼프를 이용하기 위해 계산기를 두드린다. 우리도 트럼프를 이용할 수 있다. 미국 투자는 한 개인으로서 트럼프를 이용하는 방법이다. 투자도 어렵지 않다. 미국 상장 ETF를 증권사 홈트레이딩시스템HTS으로 몇 초 만에 살 수 있는 시대다.

'미국 투자'라는 선반 위에 놓을 상품은 정말 많다. 투자금이 100만, 1000만, 1억, 10억, 100억 원인 사람들에게 가능한 옵션이 각각 갖춰진 게 '미국 투자 백화점'이다. 주식이든 부동산이든, 한국의 금융회사들은 체계적인 미국 투자 정보를 제공하지 못하고 있다. 그렇다고 개인 투자자가 인터넷 커뮤니티에 떠도는 단편적인 정보만 믿고 미국에 투자하기에는 꺼림칙하다.

이 책은 스탠퍼드와 UC버클리의 교수진, 미국 현지 투자 전문가들의 견해를 바탕으로 트럼프 시대의 미국 시장을 전망하고, 초보 투자자들을 위해 ETF로 시작하는 미국 투자 방법을 구체적으로 제시한다. 리·더피·올레스키 교수와 나눈 대화를 대담 형식으로 실었으며, 특별 부록에 수록한 '미국 ETF 투자 가이드'는 스탠퍼드 경영대학원에서 토론한 자산 배분의 원칙과 상품 선택 기준에 따라 작성했다.

이 책을 읽은 독자들에게 트럼프가 '내 돈을 벌어줄 사람'으로 보이기 시작한다면 더 바랄 것이 없겠다. 수십 년간 쌓아온 투자 노하우를 아낌없이 공유해준 리·더피·올레스키 교수에게 다시 한 번 감사를 표한다.

2017년 3월

샌프란시스코에서, 양연정

차례

Chapter 3

트럼프의 전략 :
"나는 큰 꿈을 꾼다. 그리고 조심한다" 085

Chapter 4

트럼프 이용하기 111

Chapter 5

트럼프 시대의 미국 투자 163

Chapter 6

실전 미국 투자 219

특별 부록 273

Chapter 1

트럼프 당선은 예상되었다

★ ★ ★

트럼프는 새로운 카드를 들고 나온 것이 아니다.
주요 공약에 있던 내용을 실행하는 것뿐.
예고된 악재는 더는 악재가 아니다.

1

트럼프 당선, 미국인들은 알고 있었다. 신문에 나오지 않았을 뿐!

"트럼프 당선, 대이변" – MBC

"미치광이·아웃사이더·성격파탄자…트럼프, 미 대통령 당선" – SBS

"트럼프 종말" "분열된 미국" – SBS CNBC

트럼프가 당선되자 한국 언론은 "대이변이 일어났다"며 호들갑을 떨었다. 마치 예측하지 못한 천재지변이나 테러가 벌어진 것 같은 분위기였다. '위기' '비상등' '패닉', 불확실성과 불안감, 공포를 담은 단어가 신문과 인터넷 포털에 넘쳐났다.

미국의 주요 언론도 당황하긴 마찬가지였다. 대선 직전까지 트럼프 대통령의 탄생을 예상한 사람은 없었다. 선거 당일 오후 6시에도 CNN은

"클린턴Hillary Rodham Clinton 당선 가능성 91%", 〈뉴욕타임스〉는 "트럼프 당선 확률 20% 미만"이라고 보도했다.

그러나 트럼프의 당선은 이변이 아니라 예상된 일이다. 적어도 미국 현지에서는 그랬다. 2015년 여름 트럼프가 대선 출마를 선언한 이래 '트럼프 돌풍'을 일으키며 공화당 후보로 선출되고, 대통령에 당선되기까지 1년 반 동안 '트럼프 대통령' 탄생을 예상할 만한 신호가 도처에 있었다.

바닥 민심 못 읽은 주류 언론의 실패

트럼프 돌풍이 불던 초기에는 미국인들도 트럼프를 그저 특이한 후보 정도로 여겼다. 그러나 시간이 지날수록 지지자가 늘어났고, 트럼프가 공화당 후보로 선출된 7월이 지나면서 다양한 계층으로 지지자가 확대되었다.

클린턴의 당선을 바라는 주요 언론은 트럼프 지지자의 현실을 객관적으로 보도하지 않았다. 트럼프 지지자의 숫자는 과소평가되었고, 이들에게는 '무식한 백인'이라는 꼬리표가 붙었다. 언론 보도가 사실과 달라질수록 더 많은 사람들이 조용하지만 열정적으로 트럼프를 지지했다.

2016년 9월과 10월에 세 차례 치러진 대선 TV 토론에 대한 보도도 현지에서 느낀 보통 사람들의 평가와 거리가 있었다. 미국 주요 언론은 토론이 끝나자마자 트럼프가 틀린 팩트가 수천 개라면서 클린턴의 일방적인 승리를 타전했다.

"미 대선 TV 토론 승자는 힐러리" – CNN

"힐러리가 승자, 트럼프보다 준비 잘돼" – 〈워싱턴포스트〉

"힐러리, 국가 안보와 여성 현안에서 압도" – 〈뉴욕타임스〉

그러나 클린턴의 일방적인 승리라고 느낀 사람은 별로 없었다. 어차피 사람들은 트럼프가 팩트를 말할 것이라고 기대하지 않은데다, '토론을 잘한' 것이 대선 토론의 승리와 다르다는 것을 알았기 때문이다.

도대체 대선 토론의 승리란 무엇인가? 대선 토론에서 이겼다는 것은 〈장학퀴즈〉에서 이기는 것과 달라, 팩트가 중요하지만 전부는 아니다. 대선 토론은 준비를 잘해서 문제를 맞히기 위함이라기보다 시청자인 유권자에게 어필하고, 궁극적으로 그들이 표를 던지게 만드는 것이 목적이다. 그런 면에서 오히려 대선 토론의 승자는 트럼프다.

팩트 체크에서 트럼프가 밀린 것은 사실이다(트럼프 지지자들은 이 부분도 부정한다). 그러나 팩트 체크 이외 모든 면에서 승자는 트럼프다. 세 차례에 걸친 토론에서 트럼프는 영화의 '신 스틸러' 같은 존재였다. 클린턴이 오바마 케어에 대해 어렵고 긴 논설을 푸는 동안, 사람들의 시선은 그 뒤를 사자처럼 어슬렁거리는 트럼프를 따라갔다.

클린턴의 말은 논리적이고 정확했지만, 어렵고 집중하기 어려웠다. 반면 트럼프의 말은 과장되고 틀렸지만, 간결하고 명료했다. 토론이 끝나고 기억에 남는 사람은 트럼프일 수밖에 없었다. 그러나 미국 언론은 클린턴의 당선을 당연하게 여겼다. 여론조사 결과 때문이다.

페이스북에서 바닥 민심 읽을 수 없다

대선 전 트럼프의 당선 가능성을 간파할 수 있는 마지막 기회는 10월 말 클린턴의 이메일 스캔들에 FBI가 재수사를 발표한 시점이었다. 지지부진하던 트럼프 지지율이 일주일 만에 거의 10%나 급등했다. 호재에도 악재에도 변동이 없던 트럼프 지지율이 반등에 성공했다.

나중에 전문가들은 이 반등에 의미 있는 해석을 내놓았다. FBI 스캔들로 클린턴의 약점이 공론화되자, 평소 트럼프 지지 사실을 밝히기 꺼리던 '샤이 트럼프Shy Trump'가 약간 자신감을 가지고 여론조사에 응했기 때문이라는 것이다. 긴가민가하던 샤이 트럼프의 존재가 통계적으로 명확히 드러난 순간이다.

그러나 미국 언론은 이 마지막 기회도 걷어차고, 11월 8일 전부 바보가 되는 길을 택했다.

왜곡·편향 보도는 당선이 확정된 후에도 계속되었다. 언론 보도는 SNS의 부정적인 반응이나 반대 시위를 근거로 '당선이 가짜' '당선이 취소될 것' '취임 후 탄핵될 것'이라는 근거 없는 예상을 남발했는데, 선거에 패배한 쪽의 무의미한 미련이자 감정적 분풀이에 지나지 않는다. 취임 이후에도 달라진 것은 별로 없다. 미국 언론은 여전히 트럼프 흠집 내기에 여념이 없다.

그러나 트럼프는 미국의 45대 대통령이다. 트럼프 당선은 절차상 아무 문제가 없었다. 싫어하는 후보가 당선되었다고 선거가 무효라며 생떼를 부리는 것은 민주주의 선진국의 최고 언론기관이 할 일이 아니다. 생떼를 부린다고 달라지는 것은 없다.

선거 전으로 돌아가 보면, 트럼프 당선은 이변이 아니다. 미국에 사는 보통 사람들은 다 알고 있었다. 신문에 나오지 않았을 뿐이다.

"페이스북은?"이라고 묻는 사람들이 있다. 자기 '페친' 중에 트럼프 지지자가 아무도 없었다며 선거 결과 자체를 의심한다. 그러나 원래 페이스북은 '컴퓨터를 사용하는' 비슷한 사람들끼리 '좋아요'를 누르는 곳이다. 바닥 민심을 읽을 수 있는 장소가 아니다. 트럼프 지지자 중에 페이스북에 지지 사실을 밝힌 사람은 거의 없다고 봐도 틀리지 않다.

2

트럼프 지지자들이 무식한 백인 노동자라고?

캘리포니아 주는 미국에서도 반트럼프 정서가 강한 곳이다. 가장 많은 이민자들이 정착하고, 사상적으로 자유로우며, 실리콘밸리를 중심으로 하는 IT 산업이 경제를 이끈다. 모든 면에서 트럼프와 반대편에 있다. 트럼프의 당선에 몹시 좌절했고, 캘리포니아를 미국에서 분리하자는 캘렉시트Calexit 캠페인이 벌어지기도 했다.

샌프란시스코가 있는 북부와 로스앤젤레스가 있는 남부를 관통하는 US-101이 캘리포니아 주에서 대표적인 고속도로다. 6시간 정도 거리인 샌프란시스코-로스앤젤레스 구간 US-101을 운전해서 가다 보면 캘리포니아의 목장과 농장이 끝없이 펼쳐진다.

2016년 봄부터 대선이 치러진 11월까지 US-101 근방의 목장과 농장

앞마당에는 'Vote for Trump(트럼프에게 투표하라)' 'Another Farm for Trump(트럼프를 위한 또 다른 농장)'라는 푯말이 있었다. 처음에는 30분에 하나씩 보이나 싶더니, 점점 늘어나 대선 직전이 되자 푯말이 없는 집을 찾기 어려울 정도였다.

캘리포니아가 이런 상황에, 전통적인 공화당 지지 지역인 미국 중부에서 트럼프의 인기는 상상을 초월했다. 트럼프가 공화당 경선에 출마하자, 지지자들은 자기 시간과 돈을 쓰면서 유세장에 나왔다. 트럼프가 버스에 타지 않았는데도 그의 얼굴이 그려진 버스를 따라가면서 환호하는 사람들이 있었다. 단순히 정치인 한 사람을 지지하는 것이라고 보기에는 강도가 높았다.

이를 보고 미국 언론은 '무식한 시골 노동자들'의 선거운동일 뿐이라며 노골적으로 폄하했지만 사실이 아니다. 물론 트럼프의 주 지지층은 백인·저학력·남성·기독교·저임금을 특징으로 하는 계층이다. 그러나 '고학력 전문직 유권자, 특히 이민자'들은 트럼프를 전혀 지지하지 않았다는 주장도 사실이 아니다.

트럼프는 공화당 경선과 대선을 절차에 따라 거친 끝에 대통령이 되었다. 다수의 공화당원과 미국인이 무식한 시골 노동자라고 말할 수는 없지 않은가.

트럼프는 거칠지만 참신하고 명료했다

트럼프가 폭넓은 계층의 지지를 받았음은 공화당 후보 경선 과정에서 통계적으로 드러났다. 대선 4개월 전, 트럼프는 16명이나 되는 경쟁자를 물리치고 공화당 대선 후보로 선출되었다. 성별이나 종교, 인종, 정치 성향에 관계없이 폭넓은 계층의 지지를 받은 트럼프는 이민자에게도 많은 지지를 받았다.

멕시코와 미국의 국경에 장벽을 쌓겠다고 폭언을 퍼부었지만, 히스패닉 유권자 가운데 40%는 트럼프를 지지했다. 히스패닉 외 이민자 중에도 트럼프 지지자는 적지 않았다. 특히 시민권을 받을 만큼 미국에서 기반을 잡고 자신을 미국인이라 생각하는 많은 이민자에게 트럼프는 미국을 강하게 하고, 진입 장벽을 높여 그들의 기득권을 지킬 수 있도록 해주는 후보였다.

대도시의 젊은 층도 마찬가지다. 반트럼프 세력으로 가득 찬 것처럼 묘사되는 실리콘밸리 역시 예외가 아니라는 사실이 화제가 되었다.

> "알고 보니 우리 파트너가 트럼프 지지자더라고. 평소에 외국인 직원들한테 워낙 친절한 사람이라 그렇게 생각 안 했는데 좀 섬뜩했어."
>
> "내 옆자리 동료가 멕시코 이민자인데, 내가 트럼프 흉을 봤더니 '좀 더 다양성을 포용하는 관점을 가지면 어때?' 이러더라. 분명 투표장 가면 트럼프 찍을걸."

또 하나 특이한 점은 공화당 경선 과정에서 드러난 트럼프 지지층의 상당수가 '온건 보수층' '정치 비참여층'이라는 것이다. 정치 비참여층이란 말 그대로 평소에 정치색이 뚜렷하지 않고, 이전 선거에서도 투표하지 않은 사람이다.

트럼프 지지자들이 '온건 보수층' '정치 비참여층'이라는 말은 사람들이 트럼프를 위해 정치에 참여하기 시작했다는 뜻이다. 이들에게 트럼프는 생애 최초로 투표하고 싶게 만드는 '정치적 첫사랑' 상대였다.

> "트럼프는 듣고 싶은 말을 알아듣기 쉽게 해줘요. 복잡하고 모르는 이야기를 하는, 속을 알 수 없는 정치인들과 다르죠. 클린턴이오? 언론이 클린턴을 감싸고도는 것만 봐도 그들이 한통속이라는 걸 알 수 있죠."

트럼프가 막말을 하고, 성추행범으로 찍힌 시점에도 지지율은 흔들리지 않았다. 막말도 사람들이 공감할 수 있는 메시지가 깔려야 임팩트가 있는 법이다. 트럼프의 말이 그랬다. 변화에 대한 갈망과 종전 정치에 대한 불신이 팽배한 상황에서 트럼프의 거친 행동은 오히려 참신하고 명료한 매력으로 다가갔다. 트럼프 지지자들에게 그는 대체 불가능한 존재였다.

반면 클린턴은 달랐다. 클린턴 지지자들은 그가 좋아서라기보다 트럼프가 싫어서 클린턴을 선택한 것이다. 버니 샌더스Bernie Sanders가 나왔다면, 아니 오바마Barack Obama 대통령이 한 번 더 할 수 있었다면 주저 없이 클린턴에게서 등 돌렸을 사람들이다.

지지부진하던 클린턴의 지지율은 오바마 전 대통령 부부의 도움으로 잠시나마 오름세를 보였다. 그러나 이를 다른 시각에서 보면 그만큼 클린턴이 인기가 없다는 뜻이다. 민주당 전당대회에서 오바마의 찬조 연설이 끝나자마자 사람들은 "Four more years(4년 더)!"라고 외쳤다. 클린턴은 오바마 지지층을 흡수하는 데 명백히 실패했다.

사람들이 아무리 오바마를 좋아해도 결국 트럼프와 싸워야 하는 것은 클린턴이다. 신선하고 매력적인 트럼프에 비해 장기간 퍼스트레이디와 상원의원, 국무장관을 거치면서 만들어진 기득권층의 이미지, 오바마 행정부의 실수를 껴안고 가야 하는 정치적 부담에 이메일 스캔들까지 터지면서 클린턴은 패색이 점점 짙어졌다.

조용하지만 행동하는 '샤이 트럼프'

이런 상황에서 클린턴의 당선을 바라는 주류 언론의 시도는 오히려 트럼프 지지층을 결집했다. 사실 이들의 '트럼프 지지자=무식한 백인 노동자' 프레이밍framing은 어느 정도 성공을 거뒀다.

클린턴을 지지하는 사람들은 자신이 '깨어 있는 시민'이라 믿으며 클린턴 지지 사실을 드러냈다. 반면 '샤이 트럼프'들은 '무식한 백인 노동자'라는 꼬리표가 붙는 것을 두려워하며 갈수록 트럼프 지지 사실을 공개적으로 밝히기를 꺼렸다.

조용한 지지자들, 샤이 트럼프가 만들어진 이유다. 트럼프 지지 사실을 숨기는 경향은 학력과 소득이 높은 계층일수록 강했다. 트럼프를 지지하거나 약간이라도 옹호하는 것은 교육받은 사회적 통념, 정치적 올바름에 반하는 일이었기 때문이다.

핍박 받고 고립된 사람들은 자기 목소리를 낼 수 있는 날을 기다린다. 언론이 트럼프 지지자에게 나쁜 이미지를 덧씌울수록 샤이 트럼프는 더 조용해졌으며, 트럼프에 대한 지지 의사를 표현하려는 욕구는 더 강해졌다. 그들은 속으로 별렀다. '두고 보자, 선거일에.'

클린턴 지지자들은 반대였다. 편향된 언론 보도는 클린턴 선거 캠프의 긴장감을 늦추고, 지지층의 결집을 약화하는 결과를 낳았다. 클린턴 지지자들은 '내가 안 가도 어차피 이길 것'이라 생각하고 투표장에 나타나지 않았다. 같은 시각 트럼프 지지자들은 '나라도 한 표 더 보태자'는 생각으로 똘똘 뭉쳐 새벽부터 투표소 앞에 줄을 섰다.

선거는 여론조사와 다르다. 선거는 득표수로 결정되는 것이기 때문에 여론조사 응답과 다를 수 있다. 득표수는 지지자들의 수와 결집력, 다른 말로 '열정'과 '충성도'의 곱이다. 미국 주요 언론은 트럼프 지지자의 수와 열정, 충성도를 모두 과소평가했다. 그리고 그 시도가 트럼프 지지자들을 더욱 뭉치게 했다.

트럼프 당선은 예견된 일이다. 투표장으로 달려갈 준비를 마친 샤이 트럼프는 주변에 많았다.

3

반이민 정책과 보호무역은 예고된 수순 : "패닉은 없다"

앞서 말한 대로 트럼프의 당선은 예측 가능한 사실이었다. 클린턴 대세론에 빠진 미국 주요 언론이 이를 외면했고, 한국 언론은 비판 없이 퍼 날랐을 뿐. 트럼프 당선이 확정되었을 때 미국 언론이 충격과 공포에 빠진 것은 예상 밖의 일이 벌어졌기 때문이 아니다. 객관성과 공정성을 상실한 채 클린턴을 추종한 자신들의 실수에 대한 당황스러움과 부끄러움 때문이다.

어쨌든 트럼프 대통령의 탄생은 기정사실이 되었다. 언론은 이제 트럼프가 예측 불가능한unpredictable 사람이라고 물어뜯기 시작했다. 트럼프가 인사 정책은 물론 민감하고 중대한 국제적 사안에 대해서도 뒤죽박죽 메시지를 보낸다며, 전 세계가 위험해질 것이라고 주장했다.

트럼프가 각종 사안에 엇갈린 메시지를 보내는 것은 맞다. 대북 정책을 포함해 한반도 문제에도 대선 기간에는 "김정은과 햄버거를 먹을 수 있다"고 했다가, 다른 자리에서는 "김정은을 죽이는 것이 가장 빠른 문제 해결 아니냐"고 말을 돌렸다. 그런가 하면 "한국과 일본 같은 부자 나라를 우리가 지켜줄 이유가 없다"고 했다가, "한국을 아주 좋아한다"고 언급했다.

트럼프에 대해 "가장 예측 가능한 사실은 예측 불가능하다는 것"이라고 한다. 예측 불가능성은 트럼프가 미치광이거나 정신이 나가서가 아니라 트럼프 특유의 협상 전략임을 이해해야 한다. 트럼프의 막말도 협상에서 우위를 차지하기 위한 전략일 뿐이다. 당장 내일이라도 말을 바꿀 수 있다.

트럼프의 막말은 전략이다

2016년 12월 〈워싱턴포스트〉는 "과거 냉전 시대에 리처드 닉슨Richard Nixon 대통령이 자주 구사한 '미치광이 이론Madman Theory'을 트럼프가 활용하고 있다고 지적했다. 미치광이 이론은 상대에게 미치광이처럼 비침으로써 공포를 유발해 협상을 유리하게 이끄는 전략이다.

트럼프의 엇갈린 메시지는 의도를 숨겨 상대적으로 많은 행동의 자유를 확보하는 '전략적 모호성strategic ambiguity'으로 해석할 수도 있다. 전략적 모호성은 무엇을 명확하게 약속하는 대신 여러 가지 가능성을 열어두면서 이득을 취하겠다는 전략으로, 북한이 대표적인 예다.

트럼프의 메시지 전달 방식이 혼란스러우면서 직설적인 점에 대해 미국에서도 많은 비판이 있다. 대통령 당선인으로서 행정부 인선 과정에 이랬다저랬다 하는 것은 그렇다 쳐도, 중차대한 외교·안보 문제까지 '예측 불가능한' 전략을 자랑스럽게 구사하는 것이 대통령으로서 무게감이 없다는 것이다. 그들은 국가 운영은 부동산 사업과 다르다며 트럼프를 비난했다.

그러나 비난은 거기까지다. 트럼프가 법을 어기는 것도 아니고, 무엇보다 결과는 아직 모르기 때문에 예측 불가능과 막말은 호불호의 문제일 뿐이다. 트럼프는 원래 말을 가볍게 하고, 자주 바꾸는 스타일이다.

트럼프의 가벼운 말버릇은 뉴욕 부동산 바닥에서 수십 년 동안 체득한 것이며, 트럼프는 그런 예측 불가능 전략으로 대통령에 당선되었다. 성공 전략을 쉽게 버릴 리 없다. 사람은 잘 변하지 않는다.

이런 트럼프에게 대응하는 방법은 그의 말 한 마디 한 마디에 일희일비하지 않는 것이다. 막말은 전략일 뿐이고, 협상 테이블에서 어떻게 나올지는 두고 봐야 아는 일이다. 특히 트럼프는 말을 바꾸는 데 부담이 없다. 학자도 정치인도 아니고, 워낙 말을 많이 바꿔서 사람들도 익숙하다. 트럼프가 하는 말의 무게를 과대평가해서 전전긍긍할 필요는 없다.

무엇보다 사실을 봐야 한다. 트럼프의 막말 뒤에는 의도가 있다. 트럼프는 막말을 정교하게 디자인할 만큼 치밀한 사람은 아니지만, 그렇다고 아무 말이나 하는 것이라고 생각해서는 안 된다.

트럼프가 발언한 의도는 무엇인가? 어떤 시나리오가 가능한가? 트럼프를 욕할 시간에 사실관계를 파악하고, 협상 테이블에서 트럼프를 설득할 수 있는 다양한 시나리오를 준비해야 한다. 트럼프는 외교나 안보도 협상의 대상으로 생각한다. 사실 모든 것은 거래 아닌가.

경제 공약은 합리적으로 추진한다

트럼프는 선거 유세와 국가 통치가 다르다는 것을 잘 안다. 트위터를 통해 연일 강한 메시지를 날리지만, 공약 이행까지 넘어야 할 장애물이 도처에 널렸다. 미국에서 대통령 혼자 할 수 있는 일이 제한적이기 때문이다.

특히 규제 완화, 감세, 오바마 케어 등 경제 공약은 의회의 협조 없이 실행하기 어렵다. 트럼프가 국제무역 조약과 테러에 대해 환태평양경제동반자협정TPP 탈퇴, 무슬림 7개국 입국 금지 조치 등 강경한 자세를 취하지만, 경제 공약에 대해서는 은근히 말을 바꾸는 이유다.

오바마 케어 폐지는 선거 기간 내내 트럼프의 주요 공약이었다. 그러나 트럼프는 당선 사흘 뒤 오바마 대통령을 만나고 나서 "오바마 케어 중 일부는 마음에 든다"며 재고할 여지를 남겼다.

멕시코와 국경에 장벽을 건설하겠다는 공약은 철조망으로 바뀌었고, 추방하겠다는 불법 이민자 수는 선거 유세 당시 1100만 명에서 200만~300만 명 수준으로 줄었다. 2017년 1월 취임하자마자 장벽을 쌓기라도 할 것처럼 으름장을 놓았지만, 결국 멕시코와 함께 "국경 장벽 언급은 그만하자"고 합의를 보았다.

중국에 보복관세를 45% 물리는 것도 실질적인 실행 계획은 없다. 연이은 '중국 때리기' 때문에 표면적으로 중국에 강경한 듯 보이지만, 트럼프의 측근들은 "높은 관세 때문에 수입 물가가 올라갈 수 있다"며 보복관세에 대한 직접적 언급을 피한다. 대신 상대적으로 덜 민감한 TPP 탈퇴와 북아메리카자유무역협정NAFTA 재협상을 추진한다는 계획이다.

트럼프 정권인수위원회 관계자들은 당선 후 주가 상승을 견인한 트럼프의 '1조 달러 인프라 투자'가 핵심 공약이 아니라고 밝혀 투자자들을 당혹스럽게 했다. 구체적인 인프라 투자 내용도 발표되지 않았다.

트럼프의 경제 공약이 겉으로 혼란스러워 보여도 트럼프는 그때그때 필요한 전략을 구사하는 것이다. 선거 유세 중에는 과장되고 위험한 공약으로 주목받았고, 그 목적이 달성된 지금은 실현 가능한 범위에서 타이밍과 수위 조절 중이다. 사업가 트럼프는 현실적인 측면을 도외시하지 않는다. 그래서 극단적인 시나리오가 전개될 가능성은 높지 않다.

설사 중국 제품에 45% 관세를 매기고, 멕시코에 장벽을 세우더라도 금융시장에 패닉이 올 가능성은 낮다. 트럼프는 새로운 카드를 들고 나온 것이 아니다. 주요 공약에 있던 계획을 실행하는 것뿐이다. 예고된 악재는 더는 악재가 아니다.

4

브렉시트 그리고 트럼프 : 영국은 여전히 성장하고 있다

브렉시트Brexit와 트럼프 대통령 당선은 많은 면에서 닮았다. 정치에서 소외된 계층의 억눌린 분노가 투표 결과로 표출되었다는 점, 주류 언론이 결과 예측에 실패했다는 점, 당시에는 충격적이라는 반응이었으나 이후 경제는 오히려 좋았다는 점 등이 그것이다.

브렉시트 투표를 앞두고 전 세계 주요 언론은 유럽연합EU 탈퇴를 주장하는 사람에 대해 '외국인에게 일자리를 뺏길 만큼 무능하고 꽉 막힌 사람'이라고 묘사했다. 미국 언론이 대선을 앞두고 '트럼프 지지자=무식한 백인 노동자'로 폄하한 것과 마찬가지다.

브렉시트는 영국의 경제난을 불러오고, 국제적인 영향력을 약화할 것이라 했다. 마찬가지로 트럼프가 당선되면 미국도 세계도 위험에 빠진다고 했다. 브렉시트의 배경이 된 영국의 오랜 빈부 격차, EU의 재정 위기와 난민 사태에 대한 논의는 찾아보기 어려웠다.

이는 트럼프가 대통령이 되는 시점까지 트럼프 돌풍에 대해 정확히 이해하는 사람이 드물었던 것과 유사하다. 언론 보도만 보면 브렉시트와 트럼프 대통령 당선 모두 전혀 합리적이지 않은, 미친 짓에 가까운 선택 같았다.

대중의 분노와 충격 그리고 빠른 회복

그러나 영국인은 브렉시트를, 미국인은 트럼프를 택했다. 의외의 결과에 전 세계가 충격과 공포에 빠진 것은 당연했다. 절망한 사람들의 트윗이 넘치고, 재투표 시위가 시작되었다. 주가가 폭락하고 금융시장이 불안해졌다.

브렉시트 다음 날 다우지수는 600포인트 넘게 급락했고, 트럼프 당선 발표일에는 5% 하락했다. 하지만 빠른 회복이 뒤따랐다. 브렉시트가 세계경제에 미치는 영향이 크지 않다는 판단에 따라 세계시장은 일주일 만에 회복세로 돌아섰다. 트럼프의 경제정책에 대한 낙관론이 퍼지며 주가가 상승세로 돌아서는 데는 하루도 걸리지 않았다.

이후 영국과 미국의 강력한 경제성장도 공통점이다. 2016년 영국 경제는 2.2% 성장했는데, 이는 EU의 1.7% 성장률보다 높다. 미국의 국내총생산GDP은 2016년 3분기에 무려 3.5% 성장했다. 브렉시트 석 달 뒤 영국의 실업률은 11년 이래 최저치인 4.8%까지 하락했고, 트럼프 당선 직후 미국도 완전고용에 가까운 실업률 4.6%를 보이며 그해 12월 금리 인상 결정의 배경이 되었다.

물론 위험이 완전히 사라진 것은 아니다. 파운드화 가치가 급락하며 영국의 물가가 불안하다. 빈부 격차나 하드 브렉시트Hard Brexit 우려도 여전하다. 하지만 브렉시트 후 영국의 경제 상황은 경기 침체와 거리가 멀어 보인다. 트럼프 당선 후 미국도 마찬가지다. 트럼프 패닉이 아니라 트럼프 랠리가 오지 않았나.

경제 처방도 비슷하다. 브렉시트 한 달 뒤인 7월 취임한 영국의 테레사 메이Theresa May 총리는 감세와 재정지출 확대를 병행하는 경기 부양책을 내놓았다. 트럼프의 주요 공약도 1조 달러 인프라 투자와 감세다. 트럼프는 이런 공통점을 의식한 듯, 당선 직후 메이 총리에게 전화를 걸어 "레이건Ronald Reagan과 대처Margaret Thatcher같이" 긴밀한 관계를 되살리자고 제안했다.

브렉시트 이후 영국은 위기를 잘 헤쳐 나가고 있다. 트럼프 당선 후 미국 경제는 더 좋다. 메이 총리처럼 차분한 스타일로 하든, 트럼프처럼 막 나가든 결과는 같다. 겉포장이 아니라 사실을 봐야 하는 이유다.

트럼프의 스타일을 좋아하는 사람은 별로 없다. 그러나 그 결과가 경제에 이롭다면 트럼프를 비난하고 싫어하기보다 이해해야 한다. 싫든 좋든 그는 미국의 45대 대통령이다.

5

미국의 독주는 계속된다. 단지 트럼프 때문이 아니다

브렉시트와 트럼프 당선 후 주가가 금방 회복된 것은 그만큼 영국과 미국의 경제가 튼튼했기 때문이다. 정치적 이벤트가 단기적인 쇼크를 만들 수 있지만, 금융시장은 결국 펀더멘털을 따라간다. 그런 면에서 '트럼프 랠리'는 엄밀히 말하면 단지 트럼프 때문이 아니다. 클린턴이 당선되었다 해도 중·장기적으로 주가 움직임은 크게 다르지 않았을 것이다.

다만 트럼프 당선의 충격으로 주가가 잠시 본궤도에서 이탈한 것이라고 봐야 한다. 그 기저에 있던 미국의 성장, 고용, 소비 같은 경제지표는 2016년 내내 흔들림 없이 튼튼했다. 트럼프라는 먹구름이 잠시 햇빛을 가렸을 뿐이다.

당선 후 트럼프가 보여준 꽤 절제된 모습도 시장 안정에 기여했다. 당선 확정 직후 연설에서 트럼프는 '사회 통합'을 이야기했고, 이후 몇 달간 특유의 뻔뻔함을 무기로 급진적인 공약을 폐기·수정했다. 사람들도 직설적이고 거침없는 트럼프의 화법에 슬슬 적응하고 있다. 2017년 2월 말 첫 의회 합동 연설에서 트럼프는 '통합'을 강조하며 미국 국민 절반 이상에게 '매우 긍정적'이라는 평가를 받기도 했다.

트럼프 랠리가 아니라 미국 랠리다

트럼프라는 먹구름이 걷히자, 미국 경제의 강한 체력이 드러났다. 주식시장은 선행지표로서 경제 체력을 보여주었다. 여전히 못 미덥고 불안하지만, 규제를 풀고 세금을 깎아주겠다는 것은 기업이나 개인에게 모두 반가운 소식이다.

트럼프는 종전 정치권의 지원을 받아 당선된 것이 아니다 보니 공약의 노선 측면에서도 자유롭다. 공화당 것이든 민주당 것이든 좋은 것은 가져다 쓰면 된다. 다수가 공화당인 의회도 대체로 협조할 것으로 보인다.

정권인수위원회의 인선과 외교 면에서 잡음은 있었다. 그러나 복잡한 국제 관계를 고민하는 외교 전문가들에게는 문제인지 몰라도, 당장 내일 주식시장이 중요한 보통 투자자들에게는 별로 나쁜 소식이 없다. 신임 국무장관이 푸틴Vladimir Putin과 친하고, 재무장관이 골드만삭스 출신이면 경제에는 오히려 도움이 될지 모른다. 트럼프를 싫어하는 사람도 그가 자기 주가를 올려줄 것이라는 점에는 대체로 동의한다.

게다가 트럼프는 부동산 투자로 '성공한 사업가'다. 전 세계에 수십 개 호텔과 카지노를 가진 사람이다. 부를 축적한 과정에서 의혹은 있다. 하지만 수많은 트럼프 지지자들은 그가 사업을 잘 키운 사람이니까 미국도 강하게 만들 것이라고 믿는다. 논리적으로 허점이 있을지 몰라도 그것이 시장의 심리다. 트럼프가 단점이 많지만, 그 때문에 경제를 망치리라고 생각하지 않는 것이다. 경제를 살리는 데는 유리할 수도 있다.

실제로 경제지표도 강력하다. 2016년 3분기 미국의 GDP 성장률은 3.5%(연율)다. 2017년 한국 정부의 경제성장 '목표'가 2.6% 초반, 국제통화기금IMF이 전망한 세계 경제성장률이 3.4%다. 미국의 3.5% 성장은 한국의 3% 미만 성장률이 선진국으로 진입한 증거라는 변명을 부끄럽게 만든다.

트럼프에 가려졌던 미국의 탄탄한 펀더멘털

미국 경제를 이끄는 것은 고용과 소비다. 실업률이 낮아지면서 고용 시장이 좋아지고, 임금이 오르면서 소비가 사상 최고치를 기록했다. 2016년 12월 FRB의 금리 인상은 미국 경제의 강한 체력을 바탕으로 한 결정이다. 전 세계가 저성장의 늪에 빠졌는데, 미국은 임금 인상과 물가 상승을 걱정해야 할 만큼 경기가 뜨겁다.

2017년 미국의 경제 전망도 대체로 밝다. 경기선행지수CLI인 주가지수가 많이 올랐고, 각종 심리지수도 예상보다 높게 발표된다. 2016년 12월

실시된 조사 결과를 보면 미국의 소비자(미시간 지수), CEO(비즈니스라운드테이블 지수), 중소기업 경영자(NFIB 지수), 최고재무책임자CFO(듀크 지수) 모두 2017년 경기의 낙관적 견해를 확인할 수 있다.

트럼프가 이 좋은 소식을 놓칠 리 없다. 2016년 말 트위터를 통해 "크리스마스 시즌 소비가 1조 달러 이상"이라고 밝혔다. 사실인지 아닌지는 불분명하다. 1조 달러라는 수치의 근거도 없다. 하지만 당분간 미국은 트럼프가 흥분할 만큼 세계경제 성장을 주도할 것이라는 예상이다.

물론 미국 경제에도 위험 요소는 있다. 인구 증가와 생산성 악화로 잠재성장률이 1%대에 머물고 있다. 트럼프의 재정 부양책이 중·장기적으로는 미국 경제, 나아가 세계경제에 해를 끼칠 수도 있다. 그러나 향후 2~3년간 트럼프가 미국 경제에 도움이 될 것이라는 데는 전문가들 사이에도 이견이 없다.

그런 면에서 트럼프는 운이 좋다. 모든 정책에는 위험 요인이 있다. 감세하면서 인프라 투자를 하자면 나라 빚이 늘 수밖에 없다. 실제로 트럼프 당선 후 미국의 장기금리는 한 달 만에 0.5% 이상 급등했다.

경제 체력이 약하다면 금리 상승에 따른 인플레이션과 국채 부담을 걱정해야 하지만, 현재 미국 경제는 향후 2~3년은 괜찮을 만큼 건강하다. 경제학자들이 걱정하는 극단적인 보호무역과 이민 제한은 트럼프의 우격다짐에도 실행까지 갈 길이 멀다. 트럼프가 큰 실수만 하지 않는다면 미국 경제의 독주는 계속될 것이다. 2016년 말 달러화 가치가 14년 이래 최고로 오른 것은 이를 반영한 결과다.

스탠퍼드대 경제학자들이 말하는 트럼프와 미국 경제

대선 직후인 2016년 11월 스탠퍼드대학교의 경제학자 존 테일러John Taylor와 존 코크란John Cochrane 교수가 트럼프 당선이 미국 경제에 미칠 영향에 대해 대담했다.

존 테일러는 적정 인플레이션과 잠재 GDP를 기준으로 균형 금리 수준을 의미하는 '테일러 준칙The Talyor Rule'을 고안한 경제학자로, 2018년 4월 임기가 만료되는 FRB 재닛 옐런Janet Yellen 의장에 이어 차기 의장 1순위로 거론된다. 테일러 교수는 2001~2005년 조지 W. 부시George Walker Bush 대통령 정부에서 재무차관을 지냈으며, 폴 라이언Paul Ryan 하원의장 등 공화당 지도부와도 친분이 깊다고 알려졌다.

자산 가치 평가와 금융 규제 전문가 존 코크란은 스탠퍼드대학교 이전에 시카고대학교 경영학부와 경제학과 교수로 재직했고, 〈월스트리트저널〉 〈블룸버그〉 등 주요 언론에 금융 칼럼을

| 존 테일러 |

| 존 코크란 |

기고한다.

– by 알렉산드라 샤케비치Alexandra Shashkevich

트럼프 대통령 취임 후 미국 경제와 고용 시장 전망은?

존 테일러 | 감세, 규제 완화, 통화정책 변화가 함께 진행될 경우 경제성장과 고용 상황이 모두 좋아질 것이다. 특히 트럼프 행정부와 공화당 의회 사이에 공감대가 형성된 정책은 경제성장에 도움이 될 것 같다.

예를 들면 트럼프의 감세 공약과 공화당의 감세안(Ways and Means Tax Reform)에는 세율 인하와 과세 대상 확대 등 광범위한 공통점이 있다. 통화정책과 규제 완화 부분도 트럼프와 공화당 정책에 유사점이 많다.

존 코크란 | 경제성장 여부는 트럼프와 공화당이 주도하는 의회가 이

런 황금 기회golden opportunity를 어떻게 살리느냐에 달렸다. 나는 그들이 대본대로 따르길 바란다(합의를 원한다는 뜻). 폴 라이언의 규제 개혁 플랜, 과세 제도 개선, 복지, 오바마 케어, 금융 규제 등 모든 문제에 초超당적인 개혁안이 제시된 상태다.

이민과 무역 문제는 약간 다르다. 선거공약에서 중요한 이슈였고 트럼프 공약에 공감하는 사람도 많지만, 무법적이고 정치적인 접근에서 벗어나야 한다. 제도권에서 정치적 불확실성을 해소한다면 경제는 분명 좋아질 수 있다.

트럼프 당선이 몰고 올 가장 큰 변화는 무엇인가?

존 테일러 | 정책에 따라 다를 것이다. 나는 최근 미국의 경제성장률 둔화는 1980~1990년대에 유효하던 주요 경제 원리가 먹히지 않았기 때문이라고 보는데, 경제정책이 경제성장률을 변화시킬 수도 있을 것이다.

존 코크란 | 트럼프 당선인과 의회가 상식적인 선에서 개혁안에 합의한다면 경제는 반드시 좋아질 것이다. 그들이 분열하며 시간과 노력을 낭비하고 사회적 이슈와 이민, 무역정책을 가지고 대립하며 행정력과 사법권을 오용한다면 경제 침체 혹은 경제 위기에 빠질 우려도 있다.

누가 대통령이 되든 별 상관없다는 시각도 있다.
대통령이 누구인가 말고 또 무엇이 중요한가?

존 테일러 | 세계 경제성장이 중요하다. 미국 경제의 개방성openness은 다른 국가들의 개방성에 따라 좌우된다는 점을 미국은 분명히 해야 한다. 다른 나라들이 미국에 열린 만큼 미국도 다른 나라에 대해 열린 자세를 견지하는 게 옳다. 무역과 통화정책 모두 그렇다.

존 코크란 | 지금까지 우리는 대통령 후보와 그 공약에 관심을 쏟았지만, 미국은 대통령 혼자 모든 것을 할 수 있는 시스템이 아니다. 이제는 의회와 사법부에도 관심을 둬야 한다. 연방 정부뿐 아니라 주와 지역 정부 정책에도 관심을 가져야 한다. 예를 들어 미국 스타트업의 심장부인 팰로앨토의 지역구위원회zoning board는 연방 정부와 독립적으로 운영된다.

경제의 큰 그림은 놀랍도록 희망적이다. 자기 주도적인 혁명의 힘이 실리콘밸리에 넘친다. 하지만 이런 혁신(disruptive change)은 종전 회사들에게 때로는 고통스러운 변화이며, 정치가 이들을 보호해야 하는 경우도 있다. 반면에 새로운 산업이 성장하는 과정에서 무분별한 차입이 일어나기도 한다. 영리하게 관리하지 않으면 다음 경제 위기는 생각보다 빨리 찾아올 수도 있다.

미국 경제가 지켜야 할 가치가 있다면?

존 테일러 | 미국 경제의 긍정적인 면은 법적 절차 확립, 시장경제, 연방·주·지역 정부의 비용-손익 중심cost-benefit approach 정책이다. 미국의 대학과 대학원 교육은 세계 일류지만, 중·고등학교 이하(K-12) 교육은 그렇지 않다. K-12 교육의 질을 대학 수준으로 높여야 한다.

존 코크란 | 미국은 세계에서 가장 혁신적인 국가이며, 법적·제도적 시스템이 다른 나라에 비해 잘 갖춰졌다고 생각한다.

트럼프 정부가 직면할 도전 과제는?

존 테일러 | 무엇을 해야 하느냐는 문제에 이견은 있지만, 모든 미국인이 강력한 경제와 안보를 원하는 것은 분명하다. 경제개혁을 추진하기 위해서는 정책적 합의가 필수적이다.

존 코크란 | 국내에서 트럼프는 정치적인 도전에 직면할 것이다. 공화당과 협력해야 하고, 민주당의 중앙집권주의자들과 싸워야 할 것이다. 그러나 민주당의 분열과 트럼프의 정치적 이데올로기 부재는 오히려 자유로운 시장과 사회구조에 대한 합의를 이끌어내는 데 도움이 될 수도 있다.

대외적으로 러시아와 중국, 중동 지역에서 모험주의adventurism에 빠질 수 있다. 빠르고 무책임한 결정이 위기를 초래할 수도 있다. 일단 전통적인 미국의 동맹국을 안심시키고, 유사시에도 동맹이 견고함을 확인시켜야 한다. 큰 몽둥이를 들되, 말은 부드럽게 하는 접근이 필요하다.

두 전문가의 말을 요약하면 다음과 같다.

1 | 공화당과 트럼프 대통령 사이에 광범위한 공감대가 형성된 세금, 통화정책, 규제 완화로 경제성장과 일자리 창출이 가능할 것이다.

2 | 가장 중요한 것은 트럼프 행정부와 공화당이 주도하는 의회의 협력 체계 구축으로, 이 공조가 빠른 타이밍(golden timing)에 이뤄진다면 부양 효과는 더 커질 수 있다.

3 | 지금까지 대통령이 누구인가에 모든 시선이 쏠렸지만, 앞으로는 의회와 연방 정부, 지역 정부의 동향이 중요하다.

캘리포니아와 스탠퍼드대학교는 대표적인 민주당 지지 그룹이다. 그러나 트럼프의 경기 부양책에는 이들도 긍정적인 평가를 내리고 있다.

출처_ 스탠퍼드대학교 홈페이지 http://news.stanford.edu/2016/11/10/will-election-affect-economy

---

본 대담 내용은 학문적이고 중립적인 목적으로 제공되었으며,
특정 시장과 상품에 대한 상업적 목적으로 이용할 수 없습니다.

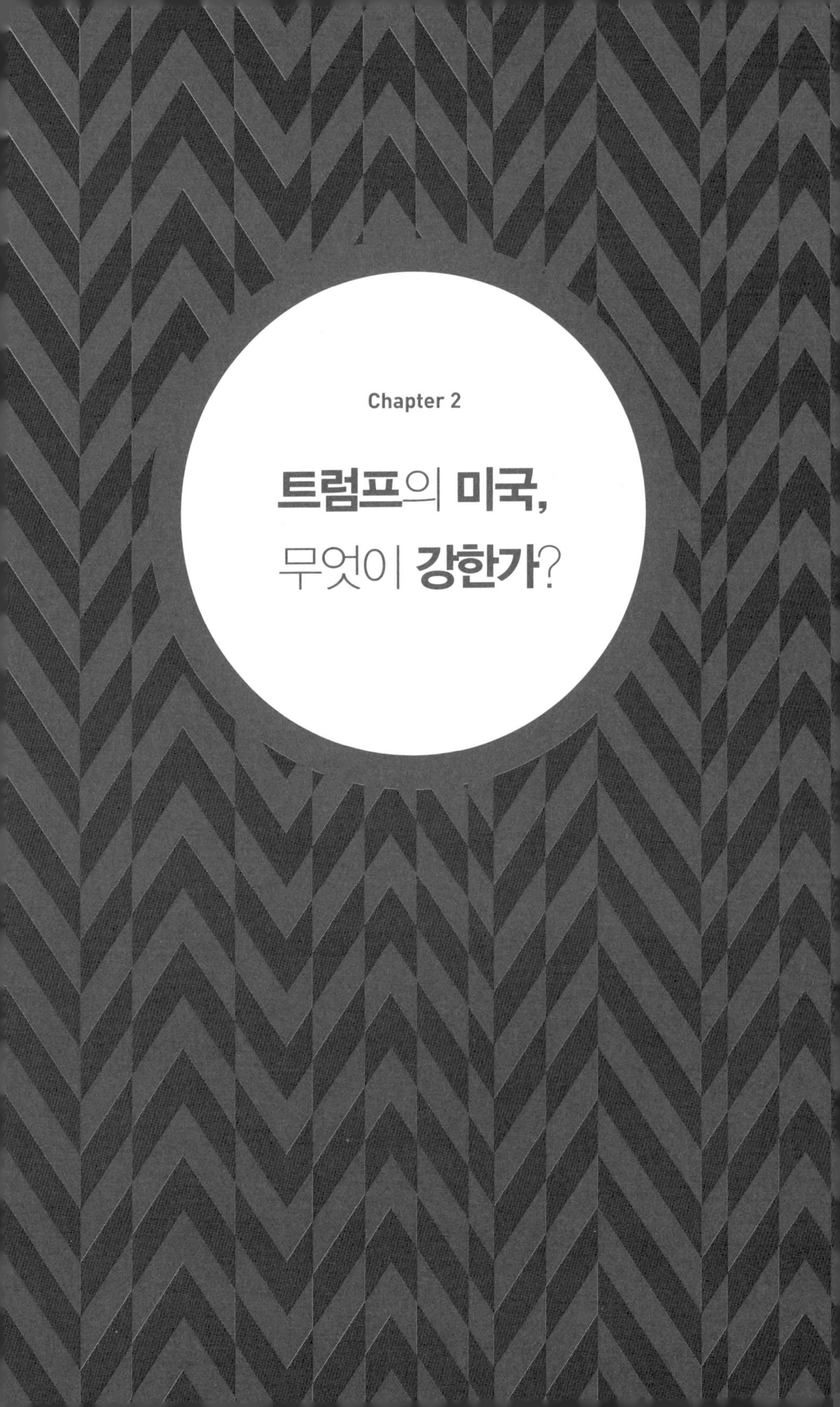

Chapter 2

트럼프의 미국, 무엇이 강한가?

★ ★ ★

달러화는 기축통화고 안전자산이다.
그래서 투자자들은 달러에 투자한다.
미국이 사고를 쳐도 달러화를 산다. 금융위기 때 그랬고,
브렉시트나 트럼프 당선 때도 마찬가지였다.

1

트럼프가 오바마보다 나은 점

오바마 전 대통령은 인기가 많다. 퇴임 직전인 2017년 1월 CNN 조사 결과, 국정 수행 지지율이 60%를 기록해 1989년 레이건 대통령 이후 가장 높았다. 경제가 워낙 좋은데다, 트럼프와 클린턴이 맞붙은 미국 대선이 혼탁한 비방전으로 가며 상대적인 호감도가 높아진 면도 있다.

오바마는 한국에서도 인기가 높다. 2016년 최순실 국정 농단 스캔들과 박근혜 대통령 탄핵 사태로 드러난 정치권과 지도층의 불통과 독선은 오바마의 '소통과 공감'을 상대적으로 빛나게 했다. 오바마의 탁월한 언변과 화합의 리더십은 싫어하는 사람이 없다.

그러나 2016년 대선을 치를 때 미국인들은 민주당에서 공화당으로 정권 교체와 트럼프를 선택했다는 사실을 간과해서는 안 된다. 오바마의 재선으로 정권 교체 시기가 다가왔다는 점, 비호감 후보 클린턴의 책임을 고려하더라도 미국인의 마음속에 오바마 정부의 국정 운영에 대한 불만이 있었기 때문에 다수가 공화당을, 아니 트럼프를 지지한 것이다.

오바마와 트럼프의 개인적인 매력과 국정 운영 능력을 구분해서 볼 필요가 있다. 사람들이 오바마를 좋아한다고 해서 오바마 정부의 국정 운영이 다 잘되었다고 할 수는 없다. 마찬가지로 사람들이 트럼프를 싫어하는 것과 트럼프의 국정 운영 능력은 별개의 문제다.

오바마는 사랑받은 대통령이지만, 오바마의 정책이 전부 성공한 것은 아니다. 소극적인 중동 정책으로 이슬람국가IS가 급부상했으며, 미국 최초의 흑인 대통령이 탄생했는데도 오바마 대통령 재임 시절 흑백의 경제적 격차와 갈등이 더 깊어졌다는 평가가 일반적이다. 물렁한 이민 정책과 무역협정에 대한 불만도 트럼프 당선에 일조했다.

욱해서 트윗은 날려도 결국 공화당과 같이 간다

오바마 정부 실적에 대한 비판은 오바마 대통령의 개인적인 매력에 묻혔다. 트럼프와 트럼프 정부의 장점이 트럼프의 막말에 묻힌 것과 같다. 그러나 오바마 정부와 비교할 때 트럼프 정부의 이점이 분명히 있다.

첫째, 트럼프는 공화당이 장악한 의회의 지원을 받을 수 있다. 앞서 존 코크란 교수가 지적했듯이, 미국은 대통령이라고 해서 모든 것을 마음대로 할 수 있는 나라가 아니다. 법안을 통과시키고 행정부 인사를 임명하는 데 의회의 협조가 필수적이다. 주정부와 지방정부의 역할도 중요하다. 대선까지는 대통령이 누구인가 하는 것이 문제의 전부처럼 보이지만, 취임 이후 정책 실행의 방정식은 좀 더 복잡하다.

"공화당하고 트럼프는 사이가 안 좋지 않나?"라고 물을 수도 있다. 물론 공화당과 트럼프 사이에는 앙금이 남았다. 트럼프가 정당한 방법으로 경선을 거쳐 대선 후보가 된 후에도 공화당 지도부는 트럼프를 인정하지 않았다. 정권인수위원회가 출범한 뒤에도 정책이나 인사에 불만을 표출하는 공화당 의원이 많았다.

그러나 트럼프는 공화당 후보로 대통령에 당선되었다. 공화당이 장악한 상·하원 의회는 협조할 수밖에 없다. 적어도 오바마 행정부와 의회의 관계보다는 나을 것이다.

오바마 대통령의 많은 개혁안과 인사는 의회의 반대에 부딪혀 좌절되었다. 2013년에는 오바마 행정부와 의회의 갈등 끝에 정부의 셧다운 사태가 벌어지기도 했다. 미국인들은 오바마와 공화당 의회의 예산 협의 실패로 미국이라는 국가의 폐업과 70만 공무원의 휴업을 지켜봐야 했다. 오바마가 임명한 후보의 의회 청문회 인준 실패로 공석인 관직도 수두룩했다.

트럼프 행정부는 이런 갈등의 여지가 적다. 비록 대선 과정에서 신임 행정부 인선을 둘러싸고 트럼프와 공화당 사이에 갈등이 있었지만, 결국 합의점에 도달할 것이다. 트럼프도 공화당을 자극하지 않으려고 노력하는 모습이다. 공화당 역시 당의 정치적 지원 없이 당선된 트럼프에게 이래라저래라 할 입장이 못 된다.

적어도 트럼프가 의회에 발목 잡힐 일은 없다. 방향이 옳다면 일을 효율적으로 처리할 수 있는 상황이다. 게다가 트럼프는 감정적인 사람이 아니어서, 일을 하려면 상대가 누구라도 손잡는다. 감정보다 실리가 먼저인 사업가이고 협상가이기 때문이다. 선거 때 도와주지 않은 공화당이 괘씸해서 욱하는 트윗은 날려도 결국 같이 일할 것이다. 이를 트럼프도 알고 공화당도 안다.

둘째, 트럼프는 정치권에 진 빚이 없다. 정치 아웃사이더로 출발해서 미디어를 통해 스스로 인지도를 쌓고, 경선에 나가 후보로 선출되었다. 공화당은 마지막 순간까지 당을 대표하는 후보로 트럼프를 인정하지 않았다. 트럼프는 힘들게 승리한 대신 정책과 인선의 자유를 얻었다.

트럼프가 정책적으로 자유로울 수 있는 이유다. 트럼프의 경제 공약에는 공화당과 민주당 스타일이 섞였다. 규제 완화와 감세는 공화당 공약이고, '신 뉴딜 정책'으로 불리는 인프라 투자는 민주당 스타일에 가깝다. 과격한 보호무역이나 이민 정책은 누구의 것도 아니기에, 본인이 원하면 취소하거나 완화해도 뭐라고 할 사람이 없다.

트럼프는 신임 행정부 각료도 본인이 마음에 드는 사람으로 채웠다. 부자, 백인, 남성, 군인 등 본인과 배경이 비슷한 사람이 많다. 일부 인사에 대해 공화당에서 불만의 목소리가 있지만, 청문회 통과를 막을 만한 명분이나 힘이 부족하다.

트럼프는 결국 자신이 일하고 싶은 사람들과 함께 일할 것이다. 그들 중에는 딸이나 사위, 오랜 친구도 있고, 처음 만났지만 '깊은 인상을 받은' 틸러슨Rex Wayne Tillerson 국무장관처럼 파격적인 인물도 있다.

인간적인 매력과 호감에서 트럼프는 오바마에 한참 못 미친다. 그러나 '미국인을 위한 일꾼'으로서 트럼프는 오바마보다 분명 나은 점이 있다. 정치인은 일꾼으로서 평가받아야 맞다.

2

어제의 적이 오늘의 동지 :
트럼프와 실리콘밸리

일꾼으로서 트럼프는 합리적이고 실용적이다. 트럼프와 실리콘밸리의 관계가 좋은 예다.

실리콘밸리의 대표 기업인 애플, 페이스북, 아마존, 넷플릭스 등은 오바마 대통령 재임 기간에 미국의 주요 기업으로 성장했다. 오바마 정부의 IT 친화적 정책과 전기 자동차, 재생에너지 등 신사업 지원, 이민 규제 완화 등 덕분이다. 클린턴은 이런 오바마 정부의 정책을 그대로 계승한다는 입장이었다.

트럼프는 반대였다. 트럼프는 블루칼라 제조업의 부흥과 전통 에너지 산업 규제 철폐, 이민 제한, 해외 생산 제품에 대한 관세 부과를 주장했다. 많은 외국인을 고용하고 제품을 해외에서 생산하는 IT 업체에게 불리한 공약이다. 보수 기독교 가치를 옹호하는 트럼프의 색채도 자유분방한 IT 업계 종사자들과 맞지 않았다.

트럼프는 인터넷이 사이버 테러에 이용된다며, 2016년 가을 애플과 FBI가 아이폰의 '잠금 해제' 기술을 둘러싸고 공방을 벌일 때 정부의 IT 검열을 옹호하기도 했다. 기후변화를 사기라고 주장하며 파리기후변화 협약 탈퇴 계획을 발표해 신재생에너지 사업에 찬물을 끼얹었고, 세금 측면에서는 실리콘밸리의 돈줄인 벤처 캐피털과 사모펀드의 성과 보수carried-interest에 대한 감세 철폐를 주장하는 등 IT 업계가 싫어할 말만 했다.

트럼프와 팀 쿡 그리고 제프 베조스

당연히 실리콘밸리는 트럼프를 지지하지 않았다. 대선 기간 동안 미국의 주요 IT 기업들은 클린턴 선거 캠프에 수백만 달러를 기부했다. 퀄컴을 비롯한 IT 업계 CEO 145명은 트럼프 반대 성명을 발표할 정도였다.

실리콘밸리 주요 인사 중에 트럼프를 공개적으로 지지한 것은 페이팔의 공동 창업자이자 페이스북 이사인 피터 틸Peter Thiel이 유일한데, 트럼프에게 후원금을 냈다는 이유로 투자자들에게 해고 압력까지 받았다. 트럼프는 이런 실리콘밸리를 "가만두지 않겠다"고 별렀다.

특히 트럼프와 적대적인 관계에 있던 실리콘밸리의 인사는 애플 CEO 팀 쿡Tim Cook과 아마존 창업자 제프 베조스Jeffrey Preston Bezos다. 애플은 아이폰 전량을 중국에서 생산하며, 인도와 중국 출신 엔지니어를 다수 고용한다. 팀 쿡은 성적 소수자로서 이민과 유색인종을 지지해왔고, 클린턴의 모금 행사를 주도했다. 트럼프는 이에 대응해 선거 유세 기간 중 "대통령이 되면 아이폰을 미국에서 만들게 하겠다"며 "애플이 중국 공장을 미국으로 옮기지 않으면 아이폰에 45% 관세를 물리고, 나는 삼성 제품만 쓰겠다"고 으름장을 놓았다.

트럼프가 대통령에 당선된 날, 팀 쿡은 얼마나 좌절했던지 직원들에게 위로의 이메일을 보냈다. 팀 쿡은 "이번 대선 결과에 좌절하는 것이 당연하다"면서 마틴 루서 킹Martin Luther King Jr. 목사의 "우린 어떻게든 앞으로 나아가야 한다(Keep moving forward)"는 말로 위로했다고 한다.

아마존의 제프 베조스도 트럼프와 원수지간이었다. 자신이 소유한 언론사 워싱턴포스트에 트럼프 전담 팀을 꾸려서 선거 기간 내내 트럼프에 대한 비난 보도를 멈추지 않았다. 대선 몇 달 전 트럼프의 지지율에 치명타가 된 라커룸 음담패설 녹취록을 공개한 것도 〈워싱턴포스트〉다.

베조스는 악담으로도 트럼프 못지않았다. "트럼프를 위해 우주선 자리를 비워놨다. 지구에서 내쫓고 싶다"고 했다. 트럼프가 당선된 날, 아마존 주가는 6.5% 급락하며 하루 만에 시가총액 24조 원이 증발했다.

그러나 대선 직후 트럼프의 행보는 예상 밖이었다. 당선 확정 다음 날 트럼프는 팀 쿡에게 전화를 걸었다. 공개된 통화 내용은 중국 공장과 일자리를 미국으로 이전하면 애플이 해외에 보유 중인 우리 돈 200조 원이 넘는 현금에 대해 세금을 35%에서 10%로 깎아준다는 것이었다. 가

만두지 않겠다는 협박이 아니라 거래를 제안했다. 그것도 당선 하루 만에.

팀 쿡의 대응은 간결했다. 답변은 "I understand"로 짤막했지만, 일주일 뒤 미국 언론은 애플이 중국의 일부 공장을 미국으로 옮기는 방안을 검토 중이라고 보도했다. 2017년 들어서는 아이폰 외주 생산업체 폭스콘의 생산 기지 미국 이전 가능성이 구체적으로 언급되기 시작했다.

미국 언론은 "트럼프와 실리콘밸리가 잠재적인 휴전에 돌입했다"고 했다. 대통령 당선인과 불편한 관계에 있고 싶지 않은 실리콘밸리와 일자리 창출을 위해 IT 업계의 협조가 필요한 트럼프 사이에 필요한 휴전이었다.

트럼프와 실리콘밸리는 '실리'를 공유한다

트럼프는 당선 한 달 뒤인 2016년 12월, 실리콘밸리와 잠재적인 휴전을 넘어 협력 체계 구축을 추진한다. 실리콘밸리 CEO 12명을 트럼프타워로 초청한 것이다. 참석자 명단에는 팀 쿡과 제프 베조스도 있었다. 마이크로소프트의 사티아 나델라Satya Narayana Nadella, 구글의 래리 페이지Larry Page와 에릭 슈미트Eric Emerson Schmidt, 페이스북의 셰릴 샌드버그Sheryl Sandberg와 테슬라의 일론 머스크Elon Musk 등 실리콘밸리 수장이 한자리에 모였다. 삼성전자 이재용 부회장도 초대되었으나 국내 사정으로 참석하지 못했다.

두 시간 동안 진행된 모임에서 트럼프와 CEO들은 일자리와 중국 문제, 세금 감면, 해외 자산의 본국 이전, 교육, 인프라, 미국 기업의 해외 사업 규제 완화 등 다양한 주제를 논의했다. 모임이 끝나고 CEO들은 "미국에 일자리를 만드는 방법을 이야기하는 건 신나는 일"이라는 반응을 보였고, 트럼프는 "이런 모임은 분기마다 할 수 있다"고 화답했다.

주식시장의 분위기도 곧바로 바뀌었다. 트럼프 당선 직후 급락한 IT 주들은 '트럼프 랠리'와 함께 급등했다. 대표적으로 애플 주식은 트럼프 당선 후 무려 30% 상승하며(2017년 3월 기준) 사상 최고치를 경신했는데, 아이러니하게도 애플 주식 급등의 가장 큰 수혜자는 대표적인 '클린턴 지지자' 워런 버핏Warren Buffett이다. 그는 보유한 애플 주식과 금융주가 급등해 2016년에 재산을 18% 이상 늘리며 빌 게이츠Bill Gates에 이어 세계 부자 2위에 올랐다.

이런 트럼프를 냉정한 눈으로 바라봐야 한다. 아이러니하지만 트럼프이기에 가능한 변신이다. 지금껏 이렇게 '무게감 없는' 미국 대통령은 없었다. 이런 모습이 익숙하지 않을 수 있다. 그러나 트럼프의 가벼움은 실리적 측면에서 장점이다. 체면보다 실리를 중요하게 생각하기 때문이다.

자신을 반대하던 사람들을 이렇게 빨리 포용하고 거래를 제안하는 대통령은 없었다. 선거 기간 중 생긴 원한으로 집권 기간 내내 고생한 사례는 한국에도, 세계적으로도 흔하다. 개인적인 원한을 잊는 것은 쉬운 일이 아니다. 가족이나 친구 사이에 작은 싸움을 잊지 못해 오랜 기간 고생하는 것이 인간이다.

트럼프는 자신을 "지구에서 없어졌으면 좋겠다"고 악담을 퍼붓고, 클린턴에게 돈을 주고, 라커룸 음담패설 녹취록을 공개해 자신을 벼랑 끝까지 몰아간 베조스를 초대해서 거래를 제안했다. 트럼프가 인간적으로 훌륭하거나 통이 큰 사람이어서 그런 것이 아니다. 여전히 트럼프는 성정이 거칠고, 경솔한 언사가 문제인 사람이다.

트럼프와 실리콘밸리가 공유하는 것은 '실리주의'다. 사업적인 이익이 있다면, 말 그대로 어제의 적이 오늘의 동지가 될 수 있다. 트럼프의 초대가 양측의 이해관계 때문에 성사된 억지 회동, 표면적인 화해라 해도 감정보다 실리가 먼저인 트럼프이기에, 실리콘밸리 CEO들이기에 가능한 모습이다.

이런 면에서 트럼프와 실리콘밸리는 다른 듯 닮았다. 정책적인 지향점은 극단적으로 다르다. 그러나 과거의 관계에 연연하지 않고 실리적으로 판단하며, 주저 없이 어제의 적이 오늘의 동지가 될 수 있다는 점에서 닮았다.

다른 듯 닮은 트럼프와 실리콘밸리, 미국의 미래를 책임질 경제의 두 축이다.

3

미국 우선주의 :
하이 퀄러티 이민자만 받겠다

트럼프의 공약 중 가장 논란이 된 것이 '이민 제한'과 '보호무역'이다. 트럼프는 대선 출마 이후 지속적으로 이민 제한을 주장해왔다. 구체적으로 1100만 명에 달하는 불법 이민자를 추방하고, 멕시코와 국경에 장벽을 세우되, 비용은 멕시코가 내도록 하겠다는 것이었다. 또 잠재적 테러리스트인 아랍계의 입국 단속을 강화하고, 합법 이민자를 줄여서 미국인에게 일자리를 돌려주겠다고 했다. 이민자에게는 불안하고 무서운 이야기였다.

불안과 공포는 현실이 되었다. 트럼프가 당선된 날 미국 각지에서 이민자, 주로 무슬림에 대한 공격이 있었다. 트럼프 당선을 인종차별의 정당화로 동일시한 일부 과격한 지지자들의 도발이었다. KKK단과 백인 우월주의자들이 거리로 쏟아져 나와 "오늘은 우리의 날이다!"라고 외쳤다는 목격담이 SNS에 퍼졌다.

그러나 이런 사태는 오래가지 않았다. 트럼프는 당선 직후 수락 연설에서 온건한 어조로 '미국 사회의 통합'을 이야기했다. 그리고 이후 두 달간 급진적인 이민 제한 공약에서 발을 뺐다. 멕시코에 장벽을 세우는 시점은 '신속히'에서 '시간을 두고 봐야 한다'로 바뀌었고, 추방하겠다는 이민자의 수는 1100만 명에서 500만 명으로, 나중에는 200만~300만 명 수준으로 줄었다.

심지어 2016년 〈뉴욕타임스〉 올해의 인물로 선정된 후 인터뷰에서는 "불법체류자의 자녀에 대한 대책을 마련하겠다"고 했으니, 말 바꾸는 속도로 보면 타의 추종을 불허한다. 배신감이 든 백인 우익 단체에서 트럼프에게 공약 이행을 압박하는 성명까지 발표할 정도였다.

취임 뒤 행보는 또 달랐다. 멕시코 국경 장벽 건설을 밀어붙일 것이며, 비용은 멕시코가 댈 거라고 다시 공언하기 시작했다. 취임 일주일도 안 돼 국토안보부를 방문, 미국과 멕시코 국경에 장벽을 세우는 내용의 행정명령에 공식 서명했다.

강경 멘트를 주고받던 미국과 멕시코는 2017년 1월, 국경 장벽을 공개적으로 이야기하지 않겠다는 '국경 장벽 공개 발언 중단'에 합의한다. 말만 강하게 했지 사실상 아무 일도 벌어지지 않았다.

"미국에 도움 되는 사람만 와라"

미국은 이민자로 구성된 국가다. 다양성과 개방성을 통해 발전해온 미국의 정체성을 대통령 한 사람이 바꿀 수는 없다. 그것을 트럼프도 잘 안다.

트럼프는 선거 기간 중 미디어의 주목을 받고, 불만에 찬 지지층을 결집하기 위해 다소 거친 언어를 사용했을 뿐이다. 당선·취임 후에는 지지층을 위해 부지런히 공약 이행의 정치적 메시지를 내보내며 실행 가능성을 계산하고 있다.

그렇다면 이민에 대한 트럼프의 진짜 생각은 무엇인가? 트럼프가 쓴 《불구가 된 미국Crippled America》에 다음과 같은 이야기가 나온다.

> 현재 미국의 이민법은 완전히 거꾸로 되었다. 우리가 필요한 사람들이 정착하기는 어렵고, 우리가 원하지 않는 사람들이 정착하기는 쉽다. 전 세계에서 가장 똑똑하고 열심히 일하는 사람들이 미국에 와서 교육을 받고, 미국 사회에 공헌하고 싶어 하지만, 너무 줄이 길어 결국 자리를 찾지 못한다.

트럼프는 똑똑하고 열심히 일하는 외국인이 미국에 정착하지 못한다고 말한다. 미국의 대학과 대학원 교육은 세계 최고다. 세계 각지의 인재들이 와서 공부하고, 대부분 월가나 실리콘밸리에 직장을 찾는다. 하지만 취업 비자 수가 제한되어 정착하지 못한다. 트럼프는 이를 무척 애석하게 생각한다.

이들은 준법적이기 때문에, 졸업 후 이민법에 따라 자기 나라로 돌아간다. 그리고 미국에서 배운 지식을 가지고 미국과 경쟁한다.

—도널드 트럼프, 《불구가 된 미국》

트럼프는 이런 '인재'들은 법을 잘 지키는 사람들이라서, 취업 비자를 받지 못하면 불법체류자가 되는 대신 자기 나라로 돌아가는 쪽을 택한다고 주장한다. 그리고 미국 회사와 경쟁하는 외국 회사에 입사해서 미국과 경쟁한다. 아군 캠프에서 훈련한 군인을 적군으로 만드는 셈이니, 참으로 안타깝지 않느냐는 말이다.

트럼프의 이런 생각은 현실과 다르지 않다. 실제로 미국에서 명문대를 졸업한 한국인 중에 비자 문제 때문에 미국 기업 입사를 포기하고 귀국하는 사람들이 적지 않다. 일단 취업 비자를 지원해주는 미국 회사를 찾기 어렵고, 회사에서 비자를 지원해주더라도 트럼프 말대로 추첨하기 때문에 운이 나쁘면 '꽝'이다. 이민법이 능력 있는 사람이라고 대우해주는 것도 아니어서 순전히 운에 따라 운명이 결정된다.

그래서 외국인 고용 비중이 높은 미국 기업들에게 비자 문제는 큰 골칫거리다. 실리콘밸리에서 일하는 수많은 엔지니어들이 비자가 필요한 중국과 인도, 한국 출신이다. 이들 중 다수가 비자 문제로 본국에 돌아간다. 애플에서 일할 사람을 삼성에 뺏기고, 아마존에서 일할 사람을 알리바바에 뺏기는 식이다.

트럼프의 이런 현실 인식은 수십 년간 사업해온 경험에 바탕을 두고 있다. 그는 전 세계에 수십 개 호텔과 카지노를 보유한 경영자로서, 많은 외국인 노동자를 고용하면서 취업 비자 문제로 능력 있는 직원을 본국으로 돌려보내야 했다.

미국 정부는 사업에 도움이 되는 이런 사람을 받아주는 대신, 해마다 불법체류자를 단속하고 수감하고 풀어주는 데 세금을 낭비한다. 문제가 있지 않은가.

2017년 3월 미국 의회는 취업 비자를 STEM(과학·기술·공학·수학) 분야 외국인에게 우선적으로 발급하는 방안을 초당적으로 추진하기로 합의한다. 미국에 꼭 필요하지만 상대적으로 부족한 기술 인력 중심의 이민 정책을 펼치겠다는 의도가 읽히는 대목이다.

이민 정책도 실리가 먼저다

결국 트럼프 이민 정책의 핵심은 '미국 우선주의America First'의 연장선에 있다. 미국에 도움이 되는 사람은 받고, 도움이 되지 않는 사람은 안 받겠다는 것이다. 불법 이민을 강력히 단속하고, 그 자리를 똑똑하고 능력 있는 외국인이 차지하도록 만들겠다는 의지다. 안 받는 게 아니라 '하이 퀄러티' 이민자를 가려서 받고 싶다는 뜻을 명확히 표현한 것이다.

물론 미국의 이민 문제는 그렇게 단순하지 않다. 누가 미국에 도움이 되고 안 되는지에 대한 구분도 모호하다. 반대편에서 불법체류자를 구제하려는 이유는 그들이 예뻐서가 아니라, 불법체류자를 불법의 테두리에 둠으로써 발생하는 비용 때문이다. 불법체류자를 전부 추방하면 그들의 자녀(이들은 속지주의에 따라 미국 시민이다) 70만 명을 국가가 책임져야 한다. 불법체류자 중에는 억울하고 구제받아야 할 사람들도 분명히 있다.

트럼프는 문제를 단순화하여 명료하게 표현한다. 미국 대통령이 미국의 국익을 우선하는 것이 문제인가? 전 세계 인재들이 미국으로 몰려드는데, 좀 가려서 받으면 안 되는가? 불법체류자를 영원히 추방하겠다는 것도 아니다. 일단 나갔다가 합법적인 절차를 밟아서 들어오라는 이야기다. 원칙적으로 옳은 말이다.

트럼프는 오바마의 '이민 구제'가 결국 열심히 일하고 법을 지키는 사람보다 담을 넘는 사람이 미국에 쉽게 정착하도록 만들어주는 무임승차법이라고 주장한다. 외국인이 학생으로 입국해서 취업 비자, 영주권을 거쳐 시민권을 받기까지 아무리 빨라도 5년 이상 걸린다. 그런데 담을 넘으면 몇 년 안에 된다? 혹은 미국 땅에서 태어났다는 이유로 불법체류자의 자녀에게 시민권을 부여하는 것이 과연 공정한가.

완벽한 비유는 아니지만 한국 상황에 대입하면 이해가 쉽다. 한국에 유학 와서 열심히 한국어를 배우고 석사 학위도 받은 외국인은 비자 문제 때문에 한국을 떠나야 하는데, 밀입국한 범죄자의 자녀가 한국에서 태어났다는 이유로 한국인의 모든 권리를 누린다면 옳은 일인가.

트럼프의 '무슬림=테러리스트' 발언이나 '멕시코 이민자=강간범'에 대한 언급 역시 표현이 지나치긴 해도 한국에서 비슷한 예를 찾을 수 있다. 중국 어선이 해경을 공격하거나, IS 의심자가 인천공항으로 입국했을 때, 중국 불법 조업 어선에 대한 발포나 무슬림의 원천적인 입국 봉쇄를 요구하는 사람들은 한국에도 있다. 트럼프가 극단적인 인종차별주의자라서 하는 이야기가 아니다.

앞서 말한 대로, 트럼프가 공화당 대선 후보로 선출되는 과정에서 히스패닉 유권자 가운데 40%가 트럼프를 지지했다. 아시아계 유권자의 트럼프 지지율도 20~30% 선이다. 일부에서 생각하는 것처럼 100대 0의 게임이 아니다. 지지자들이 단순히 막말에 동조한 것이 아님은 물론이다. 선거 전략상 과장된 발언의 밑바닥에는 트럼프의 '미국 우선주의'가 있기 때문이다.

결론은 같다. 트럼프는 실리주의자다. 이민 문제에도 실리가 먼저다.

4

'강한 달러':
금융시장의 미국 우선주의

트럼프 대통령 당선 이후 '미국 우선주의'가 현실이 된 곳이 금융시장이다. 글로벌 머니가 미국으로 몰리면서 달러화 가치가 폭등했다. 달러화 가치는 신흥국 통화 대비는 물론이고 유로화, 엔화 등 선진국 통화 대비 할 것 없이 올라, 2016년 말 기준으로 14년 이래 최고치에 도달했다.

원화도 예외가 아니어서 트럼프 당선 전 1140원대에 머물던 환율은 2016년 말 1200원이 넘었다. 트럼프 취임 이후인 2017년 1월 상승세가 주춤하긴 했으나, 대세는 장기적인 달러 강세다.

강한 미국과 불안한 투자자들

달러화 강세의 배경은 무엇인가? 달러화 강세는 트럼프 당선 훨씬 이전인 2014년부터 진행되었다. 원인은 크게 두 가지다. 미국 경제가 강하고, 투자자들이 불안해하기 때문이다. 시장 용어로 말하면 '금리 격차 확대'와 '안전자산 선호'다. 트럼프는 이미 진행된 강달러에 '인프라 공약'이라는 기름을 부었다.

첫째, 강달러는 강한 미국 경제를 반영한다. 미국 경제는 강하다. 성장과 소비, 고용 등 경제지표는 물론, 체감 경기나 경기 전망도 좋다. 금리 인상은 강한 경제의 표현이다. 미국은 트럼프 당선 한 달 만인 2016년 12월에 정책 금리를 인상했다. 시장은 예상된 금리 인상보다 2017년 금리 인상 가능성 시사에 주목했다.

2017년 미국은 두세 차례 더 정책 금리를 인상할 것으로 전망된다. 따라서 시장 금리도 약 1% 상승할 것으로 본다. 반면 다른 나라 중에서 정책 금리 인상을 계획하는 곳은 없다. 일본과 유럽은 마이너스 금리를 유지할 방침이고, 일부 신흥국이 자금 유출을 우려해서 억지로 금리를 인상하지만 세계시장에 미치는 영향은 미미하다.

금리 인상을 공론화할 수 있는 나라는 미국이 유일하다. 달러화 가치가 오르는 것은 이 때문이다. 미국과 다른 나라의 금리 격차가 벌어지면서 글로벌 머니가 고금리인 미국으로 계속 들어온다. 2016년 말 미국의 10년 만기 국채 금리는 2.5%였다. 한국 2.1%, 영국 1.2%, 독일 0.2%, 일본은 0%에 가깝다. 이 차이는 2017년에 더 벌어질 것이다.

게다가 금리가 환율에 주는 영향은 예전보다 커졌다. 저금리 시대에 돈은 조금이라도 높은 금리를 주는 쪽으로 움직이다. 이자율이 20%가 넘던 시대의 1% 차이와 제로 금리 시대의 1%는 다르다. 은행 예금 금리가 1%를 간신히 넘는 지금, 저축은행에서 주는 0.2% 우대금리도 커 보이는 것이 현실이다.

둘째, 전 세계 투자자들의 불안감이다. 안전자산 선호는 전 세계적인 현상이다. 투자자들은 경제 불확실성이 부각될 때마다 자금을 안전한 자산으로 옮긴다. 금이나 달러화가 대표적이다.

2016년에는 연초 유가 급락과 중국발 환율 위기, 6월 브렉시트, 11월 트럼프 당선 등 우여곡절이 많았다. 불확실성 속 안전자산 선호 현상으로 미국 증시는 상대적으로 호황을 누렸다. 한 해 동안 다우지수 13%, S&P500지수 10%, 나스닥지수는 8% 올랐다. 연중 상승 폭은 일본 니케이225지수 0.6%, 한국 코스피지수 3%, 유럽은 마이너스다. 미국은 부동산 가격도 5~6% 상승했다.

불안해진 투자자들이 자금을 '안전한 미국'으로 옮기면서 달러화 절상 속도가 빨라졌다. 특히 중국 투자자들의 미국 투자 규모가 크다. 2015년부터 시작된 위안화 가치 하락으로 불안해진 중국 투자자들이 중국 본토 자금을 빼서 미국 부동산과 주식을 사기 시작했다. 미국의 주식과 부동산 가격이 꾸준히 오른 데는 중국 투자자들의 힘이 컸다.

중국 투자자들의 달러 유출로 달러 대비 위안화 가치는 지속적으로 하락했다. 2016년 초 6위안대에 머물던 환율이 연말에는 7위안이 넘었다.

중국 정부는 외화 유출 통제 조치와 더불어, 달러 유출을 상쇄하기 위해 외국인 투자 유치에 적극적으로 나섰다. 그만큼 달러화가 미국으로 이동하는 속도가 빨랐다. 수년간 위안화와 동조화 현상이 강화된 원화의 절하 배경이기도 하다.

안전자산 선호는 앞으로 계속될 것이다. 단순히 2016년이 불안했기 때문이 아니다. 저성장, 고령화, 미래 산업에 따른 고용 불안 등으로 투자자들의 자신감이 전 세계적으로 떨어진 것이 원인이다. 금융위기 이전에는 자신만만한 투자자들이 신흥국에 과감히 베팅했다. 한국 투자자들도 중국 펀드와 베트남 부동산에 몰렸다.

그런 시대는 이제 끝났다. 내일이 불안한 사람들은 안전한 곳에 투자하고 싶어 한다. 부동산도 불안해서 돈이 예금에 몰린다. 달러화는 기축통화고 안전자산이다. 그래서 투자자들은 달러에 투자한다. 아이러니하지만 미국발 불안에도 달러화 매입으로 대응한다. 미국이 사고를 쳐도 달러화를 산다. 금융위기 때 그랬고, 브렉시트나 트럼프 당선 때도 마찬가지였다.

트럼프가 대통령이 되기 한참 전부터 달러화 강세는 진행되었다. 여기에 기름을 부은 것이 트럼프의 '생각보다 괜찮은 경기 부양책', 대표적으로 1조 달러 인프라 투자 공약이다.

인프라 투자 공약으로 강달러 가속화

"미국 공항은 제3세계 수준이다. 라과디아 공항(뉴욕 시 퀸스 구에 있는 공항)을 보라."

트럼프는 1차 대선 TV 토론에서 미국 공항의 낙후된 시설을 언급하며 오바마 정부의 세금 낭비를 맹비난했다. 자신이 대통령이 된다면 차기 정부는 향후 10년간 1조 달러를 투입해서 도로와 항만, 공항 등을 건설할 계획이라고 밝혔다. 이른바 '신 뉴딜 정책'이다.

미국의 인프라가 노후한 것은 사실이다. 어디 라과디아 공항뿐일까. 뉴욕 존 F. 케네디 국제공항을 비롯해 샌프란시스코, 보스턴, 시카고 등 미국 대도시의 대표 공항이 세계 1위 경제 대국의 입구라기에는 지나치게 초라하고 낡았다. 미국 인프라의 평균연령은 27년이다.

뉴딜 정책은 민주당 루스벨트Franklin Delano Roosevelt 대통령이 대공황 이후 경기 부양을 위해 실시한 대규모 인프라 투자다. 트럼프 당선 후 미국 주식과 달러화 가치가 동반 상승한 데는 인프라 투자 공약이 주효했다. 인프라 투자는 일단 공항, 철도, 항만, 통신망, 전기 등 산업에 호재다.

트럼프가 약속한 인프라 투자 1조 달러는 한국 1년 예산의 3배가 넘는 돈이다. 이 비용을 조달할 방법에 대해 논란이 계속된다. 트럼프는 인프라 투자와 함께 감세 공약도 내걸었기 때문이다.

투자는 해야겠는데 세금을 줄이겠다면 재원은 어떻게 마련할까? 국채 발행을 통해 인프라 투자비를 조달할 수밖에 없다. 대규모 국채 발행이 예상된다. 이 때문에 트럼프가 당선된 후 미국의 장기금리는 12월 금리 인상 전에 0.5% 이상 급등했다. 정책 금리 인상 전망으로 시작된 금리의 오름세가 인프라 공약으로 더 빨라진 것이다. 이처럼 강달러와 연관성은 금리에서 찾을 수 있다.

안전자산으로서 가치에 금리까지 급등하면서 달러화의 투자 매력도가 폭발했다. 트럼프 당선 직후인 2016년 말 한국의 10년 만기 국채 금리는 2.1%, 미국의 국채 금리는 2.5%였다. 트럼프가 당선하고 한 달 동안 글로벌 투자자들이 신흥국에서 빼내 미국에 투자한 자금은 400억 달러가 넘는다. 신흥국에서 달러 엑소더스가 시작되면서 달러화 가치는 더 올랐고, 미국 주가는 매일 사상 최고치를 경신한 끝에 2017년 1월에는 꿈의 2만 포인트를 넘었다.

달러화 강세는 언제까지 지속될까?

달러화 강세는 앞으로 지속될까? '제한적 강세'가 합리적 전망이라고 본다. 방향은 강세다. 금리 메리트에 따른 달러화의 투자 매력이 유지될 것이기 때문이다. 그러나 미국 금리나 달러화 가치가 무한정 오르기는 힘들다.

일단 인프라 투자 공약의 실현 가능성이 낮기 때문이다. 인프라 투자는 재정 적자에 대한 우려로 공화당에서 반발에 부딪혔다. 과도한 투자가 현재 19조 달러에 달하는 국가 부채를 늘릴 우려가 다분하다는 지적이 제기된다.

달러화가 지나치게 강해지면 트럼프의 주 지지층인 제조업 종사자에게도 부담이 된다. 달러화 가치가 오르면 해외 매출 의존도가 높은 미국 기업들의 실적 타격이 불가피하다. 미국과 해외의 생산원가 차이가 커져서 생산 시설을 미국으로 이전하라고 설득하기도 어려워진다.

글로벌 기업들에 일자리 창출을 압박하는 트럼프는 이 기업들을 위해 약달러·저금리의 친기업적 환경을 조성해줄 필요도 있다. 미국 제조업의 경쟁력이 약해지면 이득을 보는 것은 일본과 유럽의 경쟁사다. 특히 트럼프발 강달러의 최고 수혜자는 아베노믹스다. 트럼프 당선 후 엔화 가치가 급락하면서 2016년 말 수출 실적이 반짝 좋아지기도 했다. 유럽도 수혜자다. 달러 대비 유로화 환율이 페어pair =1에 가까워지면 유럽 수출 업체들이 기뻐한다.

일본과 유럽은 이런 상황을 은근히 즐기는 모양새다. 일본과 유럽 중앙은행의 양적 완화 정책 지속 계획에는 각국이 자국 통화의 약세를 추구하는 통화 냉전cold war 원리가 숨어 있다. 미국이 금리를 올려도 마이너스 금리를 유지하면서 달러화 대비 자국 통화의 절하를 유도하는 전략이다.

이런 움직임을 두고 볼 트럼프가 아니다. 그는 강달러와 금리 상승에 부정적인 속내를 드러낸다. 트럼프는 대규모 인프라 투자를 약속하면서도 당선 직후 "나는 통화 완화 정책을 옹호하는 저금리 인간low interest rate person"이라며 고금리는 미국 경제에 위협이 된다고 말했다. 인프라 투자에 대해서도 "신 뉴딜 정책이 공화당의 작은 정부 철학과 맞지 않는다"며 발을 빼고 있다.

더 강한 조치도 가능하다. 트럼프는 중국을 환율 조작국으로 지정하겠다는 등 환율에 대해 강경 노선을 정해놓았다. 취임 후 특유의 거친 언어로 달러 강세를 막으려 들었다. 일단 중국을 '환율 조작국'으로 명명할지가 관심사다.

달러 강세는 많이 진행되어 속도 조절이 있을 것이다. 2017년 원/달러 환율 전망이 대체로 1150~1300원에 형성된 이유다. 1150원 밑으로 가기에는 미국 금리가 높고, 1300원을 넘기에는 달러 강세가 시작된 지 4년째다. 최근 원화와 동조화 현상이 강한 위안화의 약세도 2017년에는 제한적일 것이다.

트럼프는 워낙 말을 잘 바꾼다. 게다가 외교나 안보 문제에 비해 금융은 태도 변화가 잘 받아들여지는 분야다. 강달러에 대한 트럼프의 입장은 경제지표나 정치 상황에 따라 달라질 수 있다.

트럼프의 환율 조작국 지정 위협과 환율 변동성

2017년 들어 원/달러 환율 하락이 심상치 않다. 트럼프의 잇따른 환율 조작국 지정 발언으로 원화 강세가 이어지며 1130원 선마저 붕괴되었다. 원/달러 환율은 미국 대선 이후 트럼프 경제정책에 대한 기대감과 미국의 금리 인상으로 2016년 말 1200원을 넘기도 했으나, 환율 조작국 지정 이슈가 계속되면서 3개월 만에 미국 대선 이전 수준으로 하락했다.

앞서 언급한 대로 미국 경제의 강한 성장과 금리 인상 전망은 달러 강세의 재료다. 중·장기적인 달러 강세 전망에도 2017년 들어 환율이 급락한 원인은 무엇인가? 한국에 대한 환율 조작국 지정 가능성과 원/달러 환율의 방향은?

〈파이낸셜타임스〉는 2017년 2월 12일자 기사에서 "트럼프는 중국이 아니라 한국과 대만을 환율 조작국으로 지정할 가능성이 높다"고 보도했다. 트럼프가 미국 국채 매도 등 보복 수단이 있는 중국보다는 한국과 대만을 본보기로 지정할 수 있다는 주장이다. 미국 정부의 환율 조작국 지정 기준은 대미 무역 흑자 규모와 외환시장 개입 규모다. 한국의 대미 무역 흑자액은 환율 조작국 지정 기준을 넘어섰다. 한국 정부는 두 번째 기준인 외환시장 개입 규모가 기준보다 적다는 이유로 환율 조작국 지정 가능성이 낮다고 본다. 환율 조작국 지정 위협이 존재하는 한, 당국의 외환시장 개입이 제한적일 수밖에 없는 이유다.

달러화 강세(환율 상승)를 위한 적극적인 개입은 물론, 환율 변동 속도를 조절하기 위한 '스무딩 오퍼레이션smoothing operation'도 당분간 어려울 수 있다. 실제로 환율 조작국 지정 위협이 시작된 이후 원/달러 외환시장에 당국의 개입이 약해졌다는 것이 외화보유고 관련 통계로 증명되고 있다. 환율 조작국 지정 압박이 계속되고 개입 물량이 적어진다는 것은 원화 강세(환율 하락)를 저지할 큰 힘이 사라진다는 의미다. 환율 하락 속도가 빠를 수밖에 없다.

미국 현지 시장 전문가들은 트럼프가 4월보다는 10월에 환율 조작국을 지정할 확률이 높다고 예측한다. 트럼프는 중국에 대한 협상 카드로 '환율 조작국 지정'을 이용하고 있으며, 협상 카드의 유효기간이 길수록 유리하기 때문에 10월까지 결정을 미루면서 다른 협상에 유리한 고지를 차지하려 들 것이라는 예상이다. 4월에 지정하기엔 미국 재무부 실무진이 아직 준비되지 않았다는 정보도 있다.

환율 조작국 지정이 10월까지 미뤄지고 트럼프가 이 카드를 자주 언급하며 중국을 위협한다면, 위안화의 영향권 아래 있는 원/달러 환율 역시 변동성에 노출될 것이다. 시장 전문가들은 "환율의 등락 범위를 작년에 예상한 것보다 넓게 봐야 할 것 같다"고 말한다.

환율의 방향에 대해서는 의견이 엇갈린다. 환율 조작국 지정 이슈가 환율 수급에 직접적인 영향을 주는 요인은 아니다. 경상수지 흑자가 원화 절상 압력을 만들고 있지만, 많은 부분이 국내로 송금되지 않고 해외에 재투자되는 것으로 알려졌다. 신흥국으로 유·출입되는 자금도 눈여겨봐야 한다. 2017년 세계경제와 미국 경제를 축으로 신흥국 경기가 호조를 보일 것으로 예상되며, 신흥국으로 자금 유입이 활발해지며 원화 강세 요인이 되었다.

그러나 돌발 변수가 생길 경우 흐름이 안전자산 선호 쪽으로 급격히 바뀔 가능성도 높다. 펀더멘털은 여전히 달러화 강세에 우호적이다. 아시아 투자자들의 미국 투자 역시 계속된다. 이 장기 투자자들은 환율이 단기간 급락해 손실이 발생하더라도 섣불리 청산하지 않는다. 오히려 원화 강세를 싼값에 달러 자산을 매입할 수 있는 기회로 보기도 한다.

트럼프의 환율 조작국 지정 발언은 환율의 변동성을 키우는 요인이다. 2016년 말의 환율 급등과 2017년 초의 환율 하락은 당국의 스무딩 오퍼레이션(미세 조정) 없는 외환시장의 민낯이다. 2016년 말의 환율 급등에 대한 되돌림이 2017년 초의 급락으로 정리되고 나면, 환율은 '트럼프발 변동성'에 반응해 위아래로 넓은 범위에서 등락할 것으로 전망된다.

Chapter 3

트럼프의 전략 :

"나는 큰 꿈을 꾼다. 그리고 조심한다"

★ ★ ★

트럼프는 건강한 미국을 물려받았다.

트럼프의 미국은 출발부터 강하다.

삐걱거릴 수는 있지만 앞으로 갈 힘은 충분해 보인다.

트럼프 시대 경기 침체는 가능성이 낮은 이야기다.

1

취임 후 100일이 중요하다

트럼프는 2016년 연말을 플로리다 주 팜비치에 위치한 본인 소유의 마라라고리조트에서 보냈다. 당시 〈워싱턴포스트〉는 트럼프가 조용한 연말을 보내며 취임 연설 초안을 작성하고 있다고 보도했다. 측근들에 따르면 트럼프는 취임 연설 내용과 관련해, 레이건과 케네디John F. Kennedy의 연설에서 영감을 얻으려고 노력했다고 한다. 레이건과 케네디는 미국 역사상 가장 인기가 많았던 공화당과 민주당의 대표 대통령이다.

'역대 최고의 비호감 당선자'로 불리는 트럼프지만, 전 국민의 지지와 사랑을 받는 대통령이 되고 싶은 마음은 마찬가지일 것이다. 그러나 당선·취임 후 트럼프의 행보는 사랑받기 위한 길과 거리가 멀다. 급진적인 면을 완화할 것이라는 기대와 달리, 트럼프는 여전히 직설적이고 공격적이다.

당선되고 두 달 만에 주가가 10%나 올랐지만, 트럼프를 좋아하는 사람은 별로 없었다. 2017년 1월 취임식을 앞두고 100만 명이 트럼프 반대 시위에 나설 것이라는 정보가 보안 당국을 긴장시켰다. 팝 스타들이 취임식 공연을 모두 거부해서 취임식 한 달 전까지 섭외된 가수는 국가를 부를 한 명밖에 없었다.

오바마의 두 차례 취임식에는 비욘세Beyonce Giselle Knowles와 U2, 브루스 스프링스틴Bruce Springsteen, 스티비 원더Stevie Wonder가, 조지 W. 부시 대통령 취임식에는 리키 마틴Ricky Martin과 데스티니스 차일드Destiny's Child 등이 공연했다. 취임식 당일 참가 인원을 가지고 백악관과 언론사가 설전을 벌이며 잡음이 끊이지 않았다.

트럼프의 마이 웨이, 일자리 창출과 보호무역 드라이브

사소한 비난에 신경 쓸 트럼프가 아니다. 그는 일자리 창출과 보호무역 공약을 이행하기 위해 부지런히 뛰고 있다. 취임 직후인 2017년 1월 23일 트럼프의 일과가 이를 말해준다.

오전 6시 38분 트위터 행보 시작, "일자리·안보에 초점 맞춘 바쁜 한 주…"

오전 9시 제조업체 대표단 조찬, "미국 기업들에 일자리 창출 압박"

오전 10시 이집트 대통령과 통화, "군사 지원 약속"

오전 10시 30분 TPP 탈퇴 행정명령

오후 1시 중국에 공개 경고장, "남중국해에서 미국 국익 지킨다"

오후 3시 제조업체 노조 대표자들과 면담, "어처구니없는 무역협정 끝내겠다"

오후 5시 여야 상·하원 지도부 회동, "불법 이민자 300만~500만 명 클린턴에 투표" 주장

오후 6시 폴 라이언 공화당 하원의장과 만찬, "오바마 정책 백지화 논의"

완급 조절과 통합 행보를 이어갈 것이라는 기대와 달리, 트럼프는 취임하자마자 국제무역과 이민에 대해 강력한 입장을 말(트윗)과 행동(행정명령)으로 증명하고 있다. 전 세계가 트럼프의 트위터를 24시간 주시하는 가운데 하루가 멀다 하고 행정명령이 쏟아졌다.

포퓰리즘 공약으로 치부하던 언론과 반대편은 당황하는 분위기다. "정말 그럴 줄 몰랐다"는 식이다. 대통령이 선거공약을 지켜서 놀랐다는 말이다. 어딘가 좀 이상하다. 오히려 반대 경우에 비판받아야 하는 것 아닌가?

이민 제한과 보호무역은 전혀 새로운 사실이 아니다. 주요 선거공약으로 전 세계에 모르는 사람이 없는 트럼프 정책의 핵심이다. 트럼프는 선거 기간 중 유권자와 한 약속을 충실히 이행할 뿐이다. 전혀 놀랄 일도, 비판할 일도 아니다. 선거공약을 남발하고 당선 이후 슬그머니 없던 일로 하는 다른 정치인들을 탓해야 맞다.

트럼프는 전략적으로 '취임 후 100일의 힘'을 최대한 이용하려 한다. 취임 직후부터 행정명령이 쏟아지는 이유다. 2017년 1월 발동한 'TPP 탈퇴' '무슬림 테러 위험 국가 국민에 대한 비자 발급 일시 중단'이 그 예다. 트럼프는 행정명령을 통해 이라크, 시리아, 이란, 수단, 리비아, 소말리아, 예멘 등 테러 위험 7개국 국민의 미국 입국을 최소 90일간 금지했으며, 난민 입국 프로그램도 120일간 중단했다.

TPP 탈퇴에 비해 7개국 비자 발급 중단 사태는 꽤 큰 반향을 일으켰다. 갑작스러운 행정명령으로 난민이 공항에 억류되고, 7개국 국민의 환승까지 막히면서 대혼란이 벌어졌다. 미국 법원은 추방 거부 판결을 내렸으며, 뉴욕과 로스앤젤레스 공항에는 반트럼프 시위대 수천 명이 모였다. 민주당은 물론 공화당 중진 의원까지 비난 대열에 동참했다. 국제기구도 '행정명령 취소'를 권고했다. 그러나 트럼프는 명령에 불복한 법무장관을 해임하며 강수를 두었다.

다시 한 번 '트럼프 때리기'에 모두 동참했다.

트럼프에 대한 연합 공격 역시 새로울 것이 없다. 트럼프가 경선에 출마하고, 공화당 후보로 선출되고, 마침내 대통령에 당선·취임할 때까지 하루가 멀다 하고 반복된 모습이다. '예측 불가능'이 반복되다 보니 '예측 가능'이 되었다.

트럼프의 고민,
공약의 실행 가능성과 실효성

트럼프는 대통령에 당선된 순간부터 자신이 내세운 공약 중 어느 것을 취하고 버릴지, 버린다면 어떤 절차로 언제 버려야 할지 고민했을 것이다. 대통령 당선인이라면 누구나 하는 고민이며, 사업가이자 협상가인 트럼프는 더 전략적·전술적인 접근을 할 것으로 보인다.

'어떻게 하면 최소 비용으로 약속을 지킬 수 있는가? 약속을 지키지 못한다면, 어떻게 손실을 최소화하고 비난을 피할 수 있는가?'

취임 후 100일은 트럼프에게 중요한 시기다. 대통령의 힘이 가장 강하고, 의회도 새 대통령과 행정부에 딴죽을 걸기 어렵다. 이 시기에 트럼프는 최대한 많은 일을 해야 한다. 할 수 없는 일이 있다면 상징적인 조치라도 취해두는 것이 낫다. 그래야 나중에 의회의 반대로 실행이 축소되거나 최악의 경우 번복되어도 "나는 할 일을 했다"고 주장할 수 있다.

트럼프가 확신에 찬 것처럼 보이지만, 속내는 복잡하다. 시간이 지날수록 대통령의 힘은 떨어질 수밖에 없다. 반대파는 여전히 목소리를 높인다. 대통령으로서 국가적 통합과 경제적 실리를 동시에 추구해야 하다 보니 고민이 깊을 수밖에 없다. 공약의 실행 가능성과 실효성도 검증되지 않은 부분이 있다.

트럼프는 중국에서 생산한 국내 제품에 높은 관세를 매기는 방식으로 일자리를 미국으로 돌려놓겠다고 약속했다. 그러나 실제로 관세를 매길

수 있을지 불확실하며, 그대로 실행되더라도 일자리 창출 효과로 이어질지에 대해서는 논란이 있다. 오히려 수입 물가 상승의 피해가 중국산 저가 제품의 주 이용자인 저소득층, 트럼프의 주 지지층인 블루칼라 노동자에게 올 것이라는 지적이다.

보호무역과 일자리 문제도 간단하지 않다. 트럼프는 자유무역이 미국인의 일자리를 빼앗았다고 주장해왔다. 세계화가 미국 제조업의 몰락에 일부 기여한 것은 사실이지만, 보호무역이 일자리를 되찾아 올 수 있을지는 많은 전문가들이 회의적이다.

특히 다가올 4차 산업혁명과 기술혁신은 비숙련 노동자의 일자리를 더 줄여 양극화를 심화할 것이다. "기업이 투자를 늘리면 그 자리는 블루칼라 노동자 대신 미국 로봇이 대체할 것"이라는 전망이 그것이다. 트럼프가 약속을 지키더라도 결과를 장담할 수 없다는 말이다.

인프라 투자 공약도 마찬가지다. 트럼프는 인프라 건설을 통해 일자리를 창출하겠다고 말했지만, 당장 인프라 투자 공약의 결과는 주가와 금리 상승이었다. 트럼프 당선 이후 인프라 수혜주인 건설주와 금융주 주도 아래 미국 주요 주가지수가 10% 이상 급등하면서 주식 투자자들만 돈을 벌었다. 앞서 언급한 대로 클린턴의 열렬한 지지자 워런 버핏은 '트럼프 랠리' 덕에 2016년 한 해 14조 원을 벌어, 빌 게이츠에 이어 세계 부자 2위로 올라섰다.

반면 일반 국민 입장에서 체감할 수 있는 인프라 투자 공약에 따른 변화는 모기지(주택 담보대출) 금리가 올라 집 사기가 더 어려워졌다는 것이다. 2016년 초 3% 이하에 머무르던 모기지 금리는 2017년에 4% 중반까지 오를 것으로 예상된다. 인프라 투자 공약이 실행될지는 아무도 모른다.

아무리 미국 대통령이라도 모든 것을 하루아침에 바꿀 수는 없다. 트럼프 역시 그것을 잘 안다. 그럼에도 보호무역과 이민 제한에 대한 '강공 드라이브'가 이어지는 것은 불확실성에 대처하는 트럼프의 전략적 판단 때문이다.

취임 후 100일간 트럼프가 전달하려는 메시지는 명확하다. '나는 반드시 약속을 지키며, 이를 위해 수단과 방법을 가리지 않는다.' 지지층을 안심시키면서 거래 상대방을 긴장하게 만드는 특유의 화법이다.

트럼프의 구체적인 문제 해결 방식은 무엇일까? 답은 그의 자서전 《거래의 기술Trump : The Art of the Deal》에 있다. '희망은 크게, 비용은 적절히'로 집약된다. '항상 최악의 경우를 생각하고 빠져나갈 구멍을 만든다'는 전략도 있다.

2

우리는 환상을 팔고 있다 : 큰 꿈을 꾸자

2017년 1월 20일 트럼프의 취임식 연설 주제는 '큰 꿈을 꾸자Dreaming big'와 '미래를 바라보자Looking forward'였다. 여기서 미래란 미국 우선주의를 앞세운 완전히 새로운 미국이다. 이런 트럼프의 철학은 1987년 집필한 자서전 《거래의 기술》에서 엿볼 수 있다. 1987년은 트럼프가 정계에 입문하기 훨씬 전이며, 그가 이름을 널리 알린 미국 TV 쇼 〈어프렌티스The Apprentice〉에 출연하기도 전이다.

그는 이 책에 부동산 사업의 일주일 일과와 자신이 '예술'이라 부르는 거래의 기술에 대해 상세히 기술했다. 정치나 미디어에 노출되기 전 책이라 트럼프의 실체와 사상이 잘 드러난다. 트럼프는 또 삶의 철학 11가지를 나열했는데, 그 첫째가 '크게 생각하자'이다. 취임식 연설의 첫 번째 주제 '큰 꿈을 꾸자'와 일맥상통한다.

트럼프의 아버지도 부동산 사업가라는 것은 잘 알려진 사실이다. 그는 뉴욕 근교 브루클린과 퀸스에서 저소득층 주택을 지어 성공한 지역 부동산 개발 업자에 가까웠다. 트럼프는 그 정도로 만족할 수 없었다.

> 많은 사람들이 작은 돌집을 사고팔며 싸구려 붉은 벽돌 빌딩을 지었다. 그러나 나는 맨해튼 서쪽 강변에 개발 단지를 짓거나 파크 애버뉴에 호텔을 짓는 계획에 마음이 끌렸다. 애틀랜틱시티도 나를 유혹했다. 호텔에 카지노를 붙여놓으면 좋을 것 같았다. 카지노는 호텔보다 돈을 5배나 벌 수 있기 때문이다.
>
> —도널드 트럼프, 《거래의 기술》

트럼프는 아버지가 하는 사업을 '똑같은 건물을 여러 채 짓는 시시한 일'이라고 생각했다. 그는 주변을 압도하는 랜드마크를 짓고 싶었다. 트럼프는 34세가 되던 해에 자기 취향대로 뉴욕 한복판에 그랜드하얏트호텔을 세웠고, 2년 뒤에는 68층짜리 트럼프타워를 지었다.

트럼프의 대선 슬로건 '미국을 다시 위대하게Make America Great Again' 역시 그 연장선에 있다. 미국은 강하고 커져야 한다. 현재까지 판단하건대 그가 말한 '위대하게'의 뜻은 경제 측면에서는 분배보다 성장, 국제 관계에서는 힘의 논리로 보인다. 크고 화려한 빌딩처럼 강대국으로서 부와 힘을 과시하겠다는 것이다.

분배보다 성장,
'환상팔이' 트럼프

중산층이 붕괴되기는 미국도 마찬가지다. 빈부 격차가 심각한 사회문제다. 미국 내 상위 1%의 연평균 소득은 지난 30년간 3배 증가했지만, 하위 50%의 연평균 소득은 제자리걸음이다. 상위 1%가 미국 사회의 부를 40% 넘게 가지고 있으며, 최상위 0.1%의 부 점유율은 22%에 달한다. 아메리칸드림이 흔들리는 것이다. 중산층이 붕괴되고 자수성가형 성공이 어려워진다는 점에서 미국도 한국과 다르지 않다. 금융위기 이후 월가에서 "우리가 99%"라는 시위가 벌어진 지 수 년이 되었지만, 상황은 오히려 더 나빠졌다.

그 불만을 이용해 당선된 것이 트럼프다. 이민, 인종차별, 여성 비하 등 모든 악재를 딛고 트럼프가 당선된 것은 살림살이가 나아지면 상관없다는 '표심'이 작용한 결과다. '큰 꿈을 꾸자'는 트럼프의 말은 성장 위주 정책을 펼치겠다는 의지를 재확인한 것이다.

중산층 붕괴 문제를 성장으로 해결하겠다는 의미다. 파이가 커지면 개인의 몫도 커진다는 성장주의, 대기업의 투자가 고용 창출로 이어진다는 낙수 효과, '선성장 후분배' 원칙은 한국인에게도 익숙하다. 한국 사회가 그랬듯이 분배의 정의를 외치는 사람들에게 트럼프는 말할 것이다. "크게 생각하고, 조금만 참아. 다 잘살 거야."

성장을 통한 중산층 확대는 트럼프의 계획대로 되지 않을 수 있다. 트럼프의 정책은 가난한 사람들보다 부자의 배를 불린다는 비판에 직면했다. 앞서 말한 인프라 투자는 주식 투자자의 배를 불리고, 금리 상승으로 서민이 집을 장만하기 더 어렵게 할 뿐이다. 부자 감세도 마찬가지다. 어쩌면 트럼프 경제는 미국의 빈부 격차를 심화할 것이다.

그러나 트럼프는 실현 가능성에 큰 의미를 두지 않는다. 트럼프 지지자들도 마찬가지다. 대다수 트럼프 지지자들은 일단 트럼프의 당선이 기득권층에게 한 방 먹였다는 사실이 기쁘다. 또 트럼프가 심어주는 환상을 좋아한다. 지금은 잘살지 못하지만 앞으로 잘살 수 있다는 희망이면 족하다. 아직은.

트럼프의 성장주의에는 환상이 도사리고 있으며, 그는 환상을 파는 데 익숙하다. 그는 크고 화려한 것에 대한 환상을 팔아서 성공해왔다. 트럼프타워는 사방을 최고급 유리로 둘렀고, 바닥과 벽을 모두 분홍색 대리석으로 깔았다. '뉴욕 최고의 랜드마크' '갑부들이 사는 유일한 장소'로 알려지면서 비싼 값에도 불티나게 팔렸다.

사람들에게 실리보다 환상이 중요한 때도 있다. 그것을 본 트럼프는 《거래의 기술》에서 트럼프타워 관련 내용이 나오는 부분에 제목을 붙였다. '우리는 환상을 팔고 있다.' 사업이든 정치든 트럼프가 환상을 파는 데 재능이 있는 것은 확실한 모양이다. 미국과 전 세계를 상대로 '사업'과 '정치' 분야의 성공이라는 어마어마한 성과를 이끌어냈다.

취임 연설 두 번째 메시지 '미래를 바라보자'에서는 과거에 발목 잡히기 싫은 마음이 읽힌다. 과거를 들춰봤자 분열과 선동뿐이다. 앞으로 잘할 테니 함께 가자는 이야기다.

3

희망은 크게, 비용은 적당히 : 항상 최악을 생각한다

트럼프는 꿈이 크다. 부동산 사업을 할 때는 전 세계 도시에 랜드마크를 짓고, 정치인이 되어서는 1년 반 만에 미국 전체를 상대로 성장의 환상을 팔아 대통령에 당선되었다.

그러나 트럼프는 큰 꿈을 실현하는 과정에서 다른 면모를 보인다. 아주 보수적이고 신중하다. 트럼프는 이를 '희망은 크게, 비용은 적당히'라고 표현했다.

> 사람들은 내가 도박꾼이라고 생각한다. 그러나 나는 도박이라곤 해본 적이 없다.

> 나는 긍정적인 사고의 힘을 믿는다고 알려졌으나 실제로는 부정적 사고의 능력을 믿는다. 즉 항상 최악의 경우를 고려한다. 최악의 경우를 예상하면 일이 닥쳐도 견뎌낼 수 있다.
>
> —도널드 트럼프, 《거래의 기술》

트럼프는 말만 이렇게 하는 것이 아니라 실제로 사업을 추진할 때 항상 최악의 경우를 생각하는 신중한 면모를 보인다. 애틀랜틱시티 카지노 사업이 대표적인 예다.

메시지는 거칠지만 절대 서두르지 않는다

20세 때부터 뉴욕에서 부동산 사업을 시작한 트럼프는 1970년대 초반까지 주로 호텔 사업에 집중한다. 그러다가 1975년 들어 카지노 사업에 뛰어들기로 결심하는데, 우연히 들은 라디오 뉴스가 계기였다. 라스베이거스 호텔 종업원들이 파업을 해서 힐튼호텔의 주가가 폭락했다는 소식이었다.

트럼프는 주가가 폭락한 원인에 대해 의문이 들었다. '힐튼은 전 세계에 150개 호텔이 있다. 어떻게 라스베이거스에 있는 두 호텔 때문에 주가가 폭락할 수 있는가?' 답은 두 호텔의 수익이 힐튼 전체 순익의 40%를 차지했기 때문이다.

카지노의 엄청난 이윤에 깜짝 놀란 트럼프는 카지노 사업 진출을 결심하고, 당시 도박 합법화 움직임이 있던 애틀랜틱시티로 곧장 날아간다. 결정은 빨랐다. 트럼프는 수익성 검토 후 애틀랜틱시티에 카지노 호텔을 건설하기로 결정했고, 1976년 애틀랜틱시티에서 도박이 합법화되기에 이른다.

하지만 트럼프가 실제 카지노 호텔인 트럼프플라자를 개장한 것은 1982년이다. 트럼프가 6년을 기다린 이유는 여러 가지다. 일단 도박이 합법화되면서 애틀랜틱시티의 땅값이 치솟았다. 마음에 드는 땅이 너무 비쌌다. 트럼프는 기다려보기로 한다. '이 가격에 사는 것은 부동산 투기다. 실패하면 내 돈은 다음 날 물거품처럼 사라질 것'이라고 생각한 트럼프는 3년을 기다린 끝에 원하는 가격에 부지를 매입한다.

땅을 산 다음에는 카지노 건축과 운영 허가 문제가 걸렸다. 당시 카지노 건축업자들은 땅을 구하면 허가 받는 일과 호텔 공사를 동시에 추진했다. 허가가 날 것이라 가정하고 공사를 시작해야 완공 시기를 앞당겨 비용을 아낄 수 있기 때문이다.

트럼프의 생각은 달랐다. 허가가 나오지 않을지도 모르는 위험을 무릅쓰고 공사에 수백만 달러를 투자할 수 없다고 생각했다. 공사에 착수하면 카지노 허가 협상 과정에서 상대편에게 끌려가는 입장이 되는 것도 마음에 들지 않았다. 공사 자금이 투입되면 발을 빼기 어려우니, 허가 협상 테이블에서 목소리를 내기 어려워지는 것은 당연하다.

트럼프는 결국 추가 비용 수백만 달러를 지불하면서 허가가 나기를 기다렸다. 긴 과정이었다. 설립 허가를 받은 뒤 자금 문제가 해결되고, 사업 파트너를 찾는 과정을 거쳐 카지노가 문을 연 것은 1982년 5월이다.

무려 6년이 걸린 것이다. 트럼프플라자는 성공적이었다. 트럼프는 2년 뒤인 1984년에 힐튼의 카지노를 인수, 트럼프캐슬로 성공을 이어간다.

카지노 사업은 트럼프의 신중하고 보수적인 성향을 보여준다. 강한 메시지와 거친 언사는 트럼프를 공격적이고 모험적인 사람으로 보이게 하지만 그는 절대 서두르지 않는다. 항상 최악의 경우를 생각한다.

트럼프는 "최악의 경우를 예상하면 일이 닥쳐도 견뎌낼 수 있다"고 말한다. 상황을 낙관하다가 나쁜 일이 벌어지면 대처할 수 없다. 반면 최악의 경우를 예상하면 그보다 덜 나쁜 상황일 때 대처가 가능하다. 꿈이 크면 위험도 크다. 여러 갈래 최악의 시나리오도 발생할 수 있다. 이 모든 가능성에 대비해야 일을 과감하게 추진할 수 있다는 주장이다.

예측 불가능성도 최악의 경우에 대처하기 위한 전략이라고 봐야 한다. 별 가능성이 없어 보여도 '혹시 모르니' 빠져나갈 구멍을 만들어놓아야 마음이 편한 것이다.

> 나는 일단 거래가 성사되더라도 최소한 5~6가지 방법을 동원해서 일을 추진한다. 왜냐하면 아무리 계획을 잘 세워도 무엇인가 복병이 될 만한 문제가 생길 가능성은 언제나 있기 때문이다.
>
> 나는 유연한 자세를 유지하고 한 가지 방식을 고집하지 않는다. 많은 공을 한꺼번에 공중에 던지면 멋있어 보이지만 일부는 땅에 떨어진다.
>
> —도널드 트럼프, 《거래의 기술》

꿈은 크게,
실행은 보수적으로

트럼프도 항상 성공한 것은 아니다. 부동산, 호텔, 카지노 등이 워낙 경기에 민감한 사업이라 성공과 실패는 반복되었다. 1990년대 초 부동산 시장 붕괴로 트럼프가 소유한 카지노와 호텔 등 네 곳이 파산하기도 했다. 트럼프는 《거래의 기술》에서 돈을 낭비해서는 안 되며, '희망은 크게 비용은 적당히' 하라고 조언한다.

트럼프의 불확실성과 예측 불가능 전략은 평생 사업을 통해 형성된 개인적인 스타일로 봐야 한다. 꿈은 큰데, 그 꿈을 이루자니 복병이 너무 많다. 따라서 최악의 경우를 생각하며 옵션을 많이 만들어둬야 한다.

대통령 트럼프의 꿈은 미국을 다시 위대하게 만드는 것이다. 그 길에는 공화당과 협력, 국제 관계, 사회 통합, 시장 안정 등 수많은 악재가 있다. 트럼프는 그 난관을 헤쳐 나가는 데 애틀랜틱시티에서 카지노 사업을 시작할 때와 같은 전략을 쓰려고 한다. 최악의 경우를 생각하며 옵션을 많이 만들어두는 방식이다. '갈팡질팡' '예측 불가능'이라고 비난받는 것은 그 때문이다.

부동산 사업과 국정 운영은 다르다고 비난해도 트럼프는 변하지 않는다. 사람은 원래 잘 변하지 않는데다, 자기가 성공했다고 믿는 사람일수록 성공 공식에 대한 애착이 강하다.

트럼프 경제의 거울 : 한국은 MB, 미국은 레이건

트럼프를 생각하면 대통령 두 명이 떠오른다. 미국의 레이건과 한국의 이명박(MB)이다. 레이건은 트럼프처럼 규제 완화와 감세를 통한 경기 부양책으로 오일쇼크 이후 미국을 재건했다. MB와 트럼프는 사업가 출신, 인프라 투자 공약이라는 공통분모가 있다. 트럼프 경제의 미래를 가늠하는 데 참고할 만하다.

미국 대선이 코앞이던 2016년 10월 말, 미국의 증권분석가들은 대선 후 주가 향방에 대해 일반적으로 클린턴 당선 시 연내 5% 상승, 트럼프 당선 시 10% 하락을 점쳤다. 결과적으로 틀린 예측이지만(트럼프가 당선되고 13% 상승), 분석가들이 인용한 통계 중에 흥미로운 것이 있다.

민주당 출신 대통령 재임 기간 중 미국 주식시장이 훨씬 좋았고, 공화당 출신이 대통령이 되면 경기 침체가 왔다는 것이다. 사실이다. 과거 미국의 10차례 경기 침체 중 9차례가 공화당 출신 대통령 재임 기간에 왔다. 딱 한 번 예외는 카터Jimmy Carter 대통령(1977~1981년 재임)이다. 그러니까 90% 확률이다.

공화당 대통령이 경기 침체를 부른다?

미국의 거의 모든 경기 침체는 공화당 대통령 시절에 왔다. 그 까닭은 무엇인가? 민주당에서는 공화당 정권이 무능하기 때문이라고 하고, 공화당에서는 민주당이 망쳐버린 나라를 공화당이 물려받았기 때문이라고 받아친다. 예일대학교 경제학자 윌리엄 노드하우스William Nordhaus는 1975년에 다음과 같이 주장했다.

> 공화당 출신 대통령들은 첫 임기 중 경기 침체를 일으키고 회복하는 모습을 보임으로써 재선을 노리기 때문이다.

그러나 대통령 한 사람 때문에 경기 침체가 왔다고 주장하기는 힘들다. 경기 침체는 경제 상황과 과거의 정책, 해외 변수 등이 겹쳐 발생하는 종합적인 결과다. 대통령이 의도적으로 경기 침체를 일으켰다고 주장하는 것은 무리다.

그저 타이밍이 좋지 않았던 불운한 대통령도 있다. 아이젠하워Dwight

Eisenhower는 한국전쟁 직후인 1953년 취임했고, 닉슨과 레이건, 부시는 오일쇼크가 휩쓸고 간 미국을 물려받았다.

트럼프의 미국 역시 경기 침체를 겪을까? 트럼프를 비판하는 사람들은 그의 경기 부양책이 단기적인 효과를 볼 수 있겠지만, 집권 후반인 2020년경 잠재성장률 하락과 정부 부채 부담에 따른 경기 침체 가능성이 높다고 지적한다.

결론부터 말하면, 트럼프 집권기의 경기 침체 가능성은 낮다.

미국 역대 대통령 중 트럼프가 가장 많이 참고하며 닮고 싶어 하는 사람은 레이건이다. 1981~1989년에 재임한 레이건 대통령은 오일쇼크 이후 미국을 재건하는 데 큰 공을 세웠다. 트럼프는 레이건 시대의 향수를 자극하는 슬로건('미국을 다시 위대하게')으로 당선되었다.

레이건 대통령 취임 시, 미국은 경기 침체와 물가 상승이 동시에 일어나는 스태그플레이션을 경험했다. 레이건 정부는 규제 완화와 감세를 통해 경기 부양을, 금리 인상을 통해 인플레이션 억제를 추진했다. 규제 완화와 감세, 정부 지출 삭감, 긴축정책을 특징으로 하는 레이거노믹스Reaganomics의 탄생이다.

레이건 정부는 규제 완화 측면에서 석유, 천연가스, TV에 대한 가격 통제를 완화하거나 제거했고, 건강과 안전, 환경 관련 규제도 광범위하게 풀어줬다. 감세 역시 파격적으로 추진했다. 개인소득에 대한 최고 한계 세율은 70%에서 28%로, 법인세는 48%에서 34%로 인하했다.

인플레이션을 잡기 위해 공격적인 긴축정책도 펼쳤다. 1979년 취임한 FRB의 폴 볼커Paul Volcker 의장은 정책 금리를 1979년 9월 11.4%에서 1980년 3월 20.0%까지 급격히 인상하며 인플레이션을 진압하는 데 주력했다.

규제 완화와 감세, 긴축정책은 예정대로 진행했지만, 정부 지출 삭감은 그렇지 못했다. 국방비 지출을 대폭 늘린데다, 의회 다수당인 민주당의 복지 예산 삭감 반대에 부딪혔기 때문이다. 세금은 내렸는데 정부 지출을 줄이지 못하니 정부 부채가 늘어났다. 재정 수지 적자로 국채 발행이 늘면서 시중 금리가 큰 폭으로 상승했고, 달러화 가치도 올랐다. 달러화가 절상됨에 따라 수출은 줄고 수입이 늘면서 경상수지 적자 규모가 커졌다.

경상수지 적자를 해결하기 위해 레이건 정부가 선택한 것이 일본과 독일의 통화가치를 강제로 절상해 달러화 약세를 유도하는 '플라자 합의'(1985년)다. 레이건 정부는 1988년 한국과 대만을 '환율 조작국'으로 지정하기도 했다. 트럼프의 미국 우선주의와 환율 정책은 트럼프 개인의 발명품이 아니다.

트럼프와 레이건의 경제정책은 매우 비슷하다. 트럼프도 레이건과 마찬가지로 감세, 규제 완화를 추진한다. 물가가 높아지면서 FRB는 통화긴축(=금리 인상)을 예고했다. 금리 인상 전망 때문에 달러화 절상 속도가 빨라져 미국 제조업에 부담을 주고 있다.

이에 따른 미국의 대응은 적극적인 환율 정책이다. 레이건은 플라자 합의를 이끌어냈고, 트럼프는 중국을 환율 조작국으로 지정하려 한다.

트럼프는 건강한 미국을 물려받았다

레이건 대통령 재임 시절 주식시장은 어땠을까? 취임 초기 2년은 주가가 하락했지만, 이후 경제성장과 함께 재임 기간 8년 동안 총 135% 상승했다(다우지수 기준). 연평균 11% 상승률이다. 당시 금리 수준이 지금보다 훨씬 높았음을 고려해도 나쁘지 않은 성적표다. 달러화 가치 역시 집권 1기에는 급격히 상승했으나 플라자 합의를 기점으로 하락, 집권 2기에는 안정되었다.

트럼프 시대 주식시장은 레이건 시대와 비슷할까? 현재까지 판단으로 향후 2~3년은 트럼프의 앞날이 레이건 때보다 밝다. 트럼프의 상황이 더 좋기 때문이다.

첫째, 트럼프는 레이건과 달리 건강한 미국을 물려받았다. 레이건은 스태그플레이션이 심각한 미국을 재건해야 했지만, 트럼프의 미국은 출발부터 강하다.

둘째, 신흥국 사정이 좋다. 레이건 취임 당시 신흥국들의 외화 채무는 위험 수준이었다. 여기에 미국 금리가 오르면서 채무 부담이 폭증해, 1982년 멕시코 모라토리엄 선언으로 이어졌다. 그러나 2017년 신흥국 경기는 원자재 가격 상승으로 안정될 전망이다. IMF는 2017년 신흥국 성장률을 4.6%로 예상했다.

셋째, 트럼프는 공화당이 주도하는 의회와 일한다. 민주당의 반대에 부딪혀 정부 지출 삭감에 실패한 레이건보다 우호적인 의회와 행정부의 협력 체계가 가능하다. 공화당과 트럼프 사이가 좋아 보이지는 않지만, 결국 협력하리라 본다.

다만 경제와 주가는 다른 문제다. 바닥에서 출발한 레이건 시절의 주가 상승 여력이 더 컸다. 주가가 많이 오른 상태에서 출발한 트럼프 시대 주식시장이 악재에 더 취약할 우려는 있다. 장기 전망도 장담할 수 없다. 레이건 시절 미국 경제의 잠재성장률은 3%대였으나, 현재 잠재성장률은 1%대로 떨어진 상태다.

레이건과 MB를 닮았지만 운은 트럼프가 좋다

트럼프를 보면 떠오르는 사람이 한국에도 있다. MB와 트럼프는 많이 닮았다. 정치 비주류 사업가 출신이 성공한 비즈니스맨 신화로 대통령까지 당선되었다. 전형적인 사업가 스타일로 가치와 명분보다 거래와 이익을 중시하는 스타일이다.

둘 다 오랜 사업 경험으로 세계경제를 이해하며, 언론 플레이에 능한 장점이 있다. 여론의 힘을 바탕으로 쟁쟁한 보수 정당 후보를 꺾고 대통령에 당선된 점도 엇비슷하다. 두 사람 모두 정치인들을 게으르고 무능하다고 공격하며, 자신만이 경제를 살리고 일자리를 만들 수 있다고 주장했다. 트럼프 당선 직후 미국을 방문한 MB는 "트럼프 미국 대통령 당선인은 기업인 출신으로 취임 후 (무역과 관련해) 실용적 관점에서 접근

할 것으로 기대한다"고 트럼프 대통령에 대한 호감을 표시하기도 했다.

선거 과정에서 시작된 세금 회피, 재산에 대한 의혹이 취임 후까지 이어지며 도덕성 측면에서 공격을 받았지만, "일하다 보면 그럴 수도 있다"는 당당한(?) 자세로 버티는 것도 공통점이다. 두 사람 모두 부동산 개발이 전공이라 정책적으로 당선 뒤 인프라 투자를 통해 경기를 부양하겠다는 계획이 있었다. 트럼프는 1조 달러 규모의 도로·항만·공항 건설을, MB는 4대강 사업과 한반도 대운하 사업을 공약으로 걸었다.

이런 공통점 때문에 트럼프를 이해하기 위해 MB를 참고해야 한다는 사람들이 많았다. 증권분석가들이 트럼프 취임 후 한국 경제와 금융시장 향방을 예측하는 데 'MB 시대'에 관심을 둔 이유다.

MB 재임 기간 중 한국 주가와 환율은 어떻게 움직였을까? 오일쇼크 이후 취임한 레이건처럼 MB 역시 취임과 동시에 서브프라임 모기지 금융위기가 발발했다. MB가 취임한 2008년에 코스피지수는 40% 하락했다. 그러나 이듬해부터 회복세가 시작되어, MB 재임 5년간 코스피지수는 총 19% 상승했다(연율 3.5%).

원/달러 환율도 금융위기와 함께 950원대에서 2009년 초 1500원까지 폭등했으나, 이후 하락해 2013년 퇴임 시 1100원대로 안정되었다. 금융위기였던 점을 고려하면 선방했다는 평가다.

각종 토목공사 관련 비리와 광우병 사태가 발목을 잡았지만, 기본적으로 시장 친화적 정책을 펼친 MB는 주식시장에서 괜찮은 대통령이었던 셈이다. 트럼프도 마찬가지다. 트럼프를 지지하지 않은 투자자들도 주식시장에서는 돈을 벌었다.

레이건 시절에 미국 주식은 135%(8년), MB 시절에는 19%(5년) 상승했다. 이들은 오일쇼크와 금융위기를 극복하기 위해 강력한 경기 부양책을 펼쳤고, 취임 초반 하락하던 주가가 상승 반전하며 통화가치를 안정시켰다.

트럼프의 정책은 레이건, MB의 정책과 닮았다. 게다가 취임 당시 미국 경제 상황과 대외적 환경은 레이건이나 MB 때보다 좋다. 강한 미국을 물려받았고, 의회도 공화당이 장악하고 있다. 삐걱거릴 수는 있지만 앞으로 갈 힘은 충분해 보인다.

트럼프 시대 경기 침체는 가능성이 낮은 이야기다.

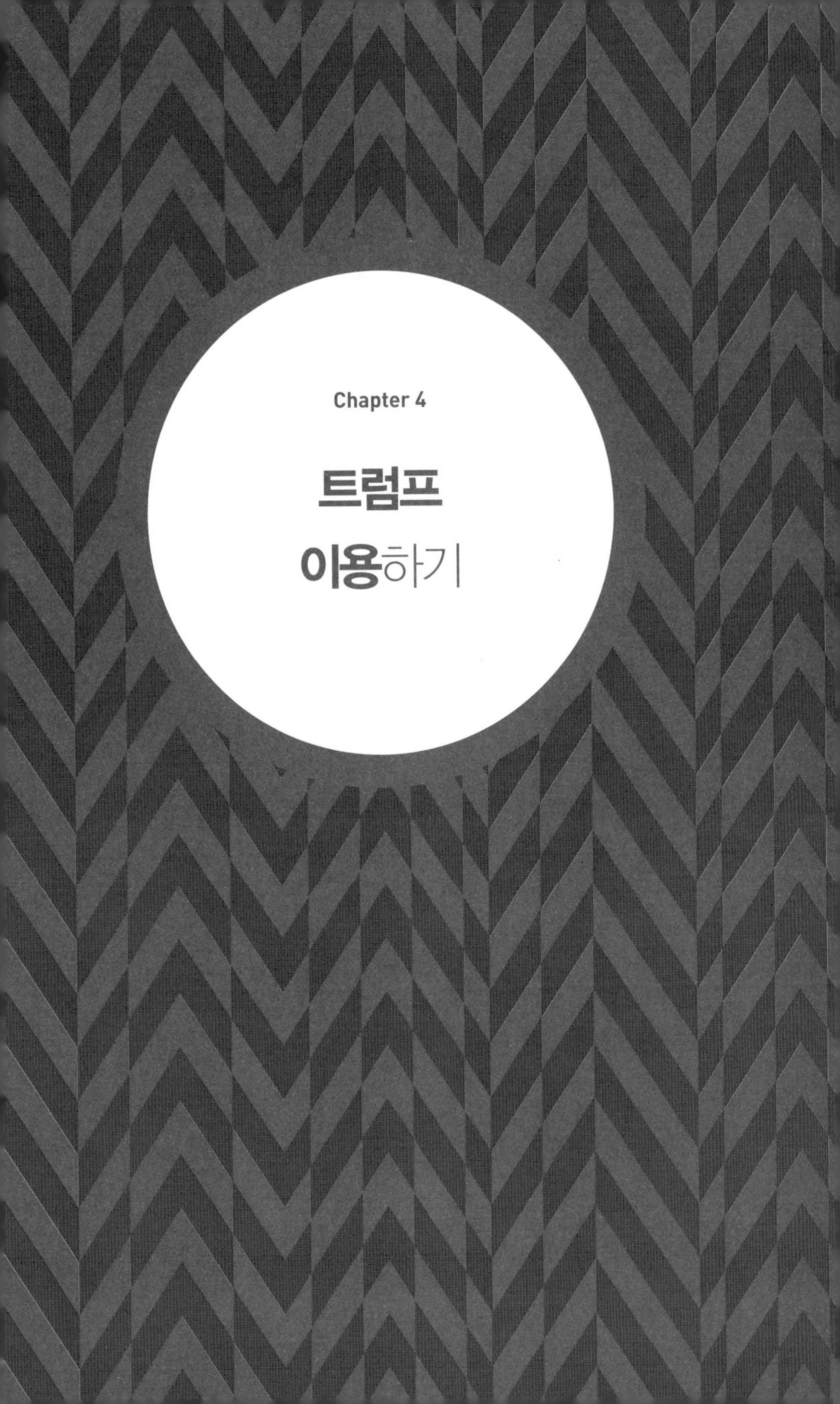

Chapter 4

트럼프 이용하기

★ ★ ★

트럼프의 불확실성을 꼭 위기로 볼 것은 아니다.
트럼프가 한국 상황에 대한 이해가 부족한 것은 도전이지만,
그의 실용적인 스타일은 기회다.

1

트럼프를 유난히 싫어하는 한국인

한국 사람들은 유달리 트럼프를 싫어한다. 같은 아시아권 국가와 비교해도 그렇다. 미국 대선 한 달 전인 2016년 10월 홍콩 신문 〈사우스차이나모닝포스트〉가 실시한 여론조사에 따르면, 조사 대상 6개국(한국, 중국, 일본, 인도네시아, 필리핀, 싱가포르) 가운데 한국인 응답자의 트럼프 지지도가 가장 낮았다. 한국인 93%가 클린턴을 지지했고, 트럼프 지지자는 7%에 그쳤다. 트럼프 호감도가 가장 높은 나라는 중국(39%)으로 나타났다.

대선 유세 기간 중 한국 언론은 클린턴에게 우호적인 보도에 치중했다. TV 토론이 끝나자마자 '클린턴 압승'이라고 보도했다. 대표적 진보 언론인 〈뉴욕타임스〉와 〈워싱턴포스트〉 기사를 주로 번역해서 날랐다.

한국 언론이 그린 트럼프는 '정치 경험이 없고 무례하며, 비상식적인데다 성범죄 전과까지 있는 자격 미달 후보'였다. 반면 클린턴은 '준비된 대통령'이고, 한미 동맹을 굳건히 할 '영원한 동반자'로 묘사되었다.

미국 현지에서는 트럼프 당선 가능성이 높아질수록 한국의 이런 분위기를 우려 섞인 시선으로 바라보는 교민이 많았다. 트럼프가 당선되면 어쩌려고 하느냐는 걱정이었다. 잘 알지도 못하면서 남의 나라 대선에 이러쿵저러쿵하는 것은 위험하다. 게다가 상대인 트럼프는 되로 받으면 말로 주는 '카운터 펀처'임을 자랑스러워하는 사람이다. 반드시 복수하려고 드는 유치함이 있다.

'트럼프 포비아'에 떠는 한국인

트럼프가 당선되고 나서 한국은 미국 못지않게 당황하는 분위기였다. 뒤늦게 트럼프 캠프에 선을 대야 한다며 인맥을 찾고, 정책 분석을 한다며 난리였다. 일부 인사들이 준비 없이 워싱턴으로 달려가 캠프 관계자를 만났는데, 별다른 성과는 없었던 것 같다. 당시에는 트럼프 자신도 정책 방향이 확실하지 않았고, 내각 인선 전이었기 때문이다.

트럼프는 딸과 사위 이외 측근의 말은 거의 듣지 않는다고 알려졌다. 그런 상황에서 측근 몇 명을 만나 한미 동맹을 재확인하고, 자유무역협정FTA 재협상 진의를 타진한들 의미 없는 일이다. 트럼프는 단박에 말을 바꿀 수 있는 사람이니까. 준비 없이 만났다가 오히려 빈틈을 보여서 만만한 상대라는 인상을 줄 위험이 컸다.

한국의 '트럼프 포비아'는 트럼프가 취임 직후 보호무역에 대해 강경 발언을 쏟아내면서 더 심해졌다. 트럼프가 TPP를 탈퇴하고 NAFTA 재협상을 추진하겠다고 밝히자, 당장이라도 FTA가 폐기될 것 같은 분위기였다.

아직 트럼프가 한미 FTA에 대해 언급한 것도 아니다. 비준이 끝나지 않은 TPP를 탈퇴하고, NAFTA는 재협상을 추진하겠다는 발표일 뿐이다. '재협상'은 다자간 협약을 일대일 협정으로 대체하려는 움직임으로, 협상 결과에 따라 유리한 방향으로 바뀔 수도 있는 일이다. TPP 당사국은 각자 신중한 자세로 대응하는 모습이다.

한국도 마찬가지다. 트럼프에 대한 선제적인 대처는 필요하지만, 과도한 불안감에 휩싸일 필요는 없다. 기회를 잘 살리면 미국의 거래 상대로서 충분한 힘을 보여줄 수도 있다. 한미 FTA는 한국뿐 아니라 미국의 국익에 도움이 되며, 미군은 한국을 보호하지만 한반도는 미국의 동아시아 전략에 없어서는 안 될 전략적 요충지다. 한미 FTA든 주한 미군 문제든 얻을 것은 얻고, 양보할 것은 양보하면 된다는 자세로 당당하게 협상에 임하면 된다.

앞서 말한 대로 트럼프에게는 모든 것이 거래다. 거래는 양쪽에게 모두 기회다. 트럼프에게도, 거래 상대에게도 마찬가지다.

트럼프 시대의 기회를 잘 파악하고 있는 나라는 중국이다.

그래도 중국인은 트럼프를 좋아한다

미·중 관계에 대한 한국 언론의 보도는 주로 관세, 환율 등 무역 갈등이나 남중국해 무력 충돌 가능성에 관한 것이다. 미국과 중국 사이에 곧 큰 분쟁이 날 것처럼 그려지지만, 의외로 중국인은 트럼프에게 상당한 호감이 있다. 트럼프와 거래에서 손해 볼 것이 별로 없기 때문이다.

트럼프는 선거 유세 때부터 중국에 대한 강경 발언을 쉴 새 없이 쏟아냈다. 중국이 "미국을 처참하게 강도질했고" "중국이 더는 우리를 강간하게rape 놔두지 않겠다"고 말했다. 표현 수위로 보면 한국 공격 발언과는 비교도 할 수 없다. 게다가 당선되자마자 대만의 차이잉원蔡英文 총통에게 전화를 걸어 중국이 금기시하는 '하나의 중국'까지 흔들어대고, 툭하면 '환율 조작국'을 들먹이며 중국을 건드린다.

그러나 중국의 반응은 미적지근하다. 유세 기간의 강경 발언은 선거 전략이라고 넘어가는 분위기고, 대만과 전화 통화에도 트럼프를 직접 공격하지는 않는다. 중국 소셜 미디어인 웨이보를 봐도 트럼프의 막말에 대해 우스운 캐릭터를 만들어 '별난 사람'이라고 비웃는 정도다. 한국의 사드 배치에 대한 무차별적 보복과 공격적 태도와 비교된다.

중국이 트럼프에게 공격적이지 않은 이유는 자명하다. 말은 기분 나쁘게 하지만, 미국 대통령으로서 트럼프가 클린턴보다 중국에게 이득이기 때문이다. 일단 트럼프가 주장하는 '미국 우선주의'는 국내문제에 집중하겠다는 의지를 표현한 것이다.

트럼프 자신이 외교를 잘 모르는데다, 인프라 투자와 감세, 이민 제한, 오바마 케어 폐지 등 주요 공약도 미국 국내 관련 이슈다. 우리는 우리나라를 챙길 테니 다른 나라 일은 알아서 하라는 주의다. 해외 파병 축소와 TPP 탈퇴 주장을 봐도 알 수 있다. 트럼프는 첫 의회 연설에서 "나는 세계 대표가 아니라 미국 대표"라고 선언하기도 했다.

이는 국제적인 영향력 확대를 노리는 중국의 목적과 딱 들어맞는다. 중국은 동아시아의 패권을 노리고, 일본·베트남과 영토 분쟁을 유리하게 이끌고 싶어 한다. 이런 중국에게 트럼프의 자국 우선주의는 미국의 영향력을 약화해 그 공백을 파고들 수 있는 좋은 기회다.

아시아로 중심 이동('Pivot to Asia')을 추진한 오바마 정부나 이를 계승한다던 클린턴보다 훨씬 마음에 드는 것이다. 게다가 클린턴은 퍼스트레이디 시절부터 검열과 인권 문제로 중국을 공격해왔다. 중국은 환율과 무역은 얼마든지 협상할 수 있는 문제라고 생각하지만, 인권과 체제는 내정 개입이라 생각한다. 자꾸 민감한 문제를 건드린 오바마와 클린턴보다 트럼프가 환영받는 이유다.

트럼프의 트위터 공격에 중국도 가만있을 수 없으니 국내 정서상 어느 정도 대응하지만, 물밑에서는 거래의 움직임이 활발하다. 미국과 중국이 주고받는 거친 언어는 강대국의 의사 전달 방식이다. 트럼프와 푸틴 사이도 마찬가지 아닌가.

개인적으로 트럼프를 좋아하는 중국인도 많다. 중국인 특유의 '부자' '사업가'에 대한 동경도 트럼프에 대한 호감에 한몫한다. 공산주의 체제에서 억압된 자본주의적 성향이 폭발한 탓일까. 중국인들의 꿈은 '부자가 되는 것'이다. 중국인은 한국적 시각에서는 다소 부끄럽게 느껴질 정도로 돈 이야기에 거침이 없다.

한국인에게 트럼프는 잘해야 아버지 것 물려받은 '금수저'인지 몰라도, 중국인에게 호텔과 부동산 사업으로 미국 대통령까지 오른 트럼프는 선망의 대상이다. 트럼프는 중국에 호텔과 건물이 수십 개 있는 갑부다.

트럼프가 대놓고 비난하는 미국 사회의 치부도 중국인에게는 듣기 좋은 이야기다. 미국식 민주주의를 적극적으로 홍보하던 오바마가 꼴 보기 싫던 중국인에게 트럼프가 이야기하는 '아메리칸드림, 중산층의 붕괴와 빈부 격차'는 자신들의 체제 우월성을 느끼게 해주는 재료다. 미국 대선 유세 기간에 트럼프의 지지율이 올라갈 때마다 〈인민일보〉는 '미국 유권자들의 환멸' '중산층 붕괴' 같은 자극적인 표현을 사용하며 신나 했다.

트럼프는 강자를 대우한다

이런 중국의 자세를 참고할 필요가 있다. 트럼프는 어차피 남의 나라 대통령이다. 그의 인격이나 말투를 싫어해 봤자 아무 소용이 없다. 트럼프가 거래를 좋아한다니 협상 테이블에 앉을 기회가 있을 것이다. 이 기회를 잘 살려야 한다.

트럼프는 100을 제안해서 상대를 압박한 다음 70~80을 얻으려고 한다. 우리도 마찬가지 전략을 쓸 수 있다. 못 하겠다고 우기다가, 양보해야 한다면 다른 것을 얻어내는 전략이다.

협상 테이블에 앉는 자신감이 중요하다. 중국이 트럼프의 공격에도 무던한 것은 자신을 미국과 대등한 협상이 가능한 강대국으로 인식하기 때문이다. 네가 욕하면 나도 하면 된다는 입장이니 말 한 마디에 일희일비하지 않는다. 중국이 한국과 입장이 다를 수는 있다. 그러나 트럼프에게 지레 겁먹고 어려워할 필요 없고, 그래서도 안 된다.

트럼프는 마초 기질이 있다. 강한 자를 대우한다. 푸틴, 시진핑習近平, 에르도안Recep Tayyip Erdogan, 두테르테Rodrigo Duterte 같은 전 세계 마초 리더들과 브로맨스를 나눈다. 트럼프는 약하지만 강하게 나오는 사람을 높이 평가하는 스타일이기도 하다. 일단 내 상대로서 '깜냥'이 되는지 탐색하고, 된다 싶으면 협상 테이블에 앉는다.

트럼프를 이용하기 위해서는 먼저 '깜냥이 된다'는 인정을 받아야 한다. '링 위의 플레이어'가 되어야 한다.

트럼프 시대의 미·중 관계 변화

트럼프 대통령 취임 후 잇따른 중국 공격 발언으로 미·중 관계의 불확실성이 높아지고 있다. 2017년 1월 스탠퍼드대의 두 중국 전문가에게 트럼프 시대 미·중 관계의 향방에 대해 들었다.

– by 알렉산드라 샤케비치

스탠퍼드 국제개발센터SCID 니컬러스 호프Nicholas Hope 센터장은 1998년 이후 센터의 중국 리서치 팀을 이끌고 있다. 호프 박사는 세계은행에서 중국과 몽골 팀 책임자로 근무했으며, 중국 규제 개혁 금융시장 관련 저서를 다수 집필했다.

게리 러퍼드Gary Roughead 제독은 미국의 29번째 해군 참모총장 출신으로, 현재 후버연구소Hoover Institution 선임 연구원이다. 러퍼드 제독은 미국 역사를 통틀어 대서양과 태평양 작전을 동시에 지휘해본 해군 참모총장 두 명 중 한 명이다.

| 니컬러스 호프 |

| 게리 러퍼드 |

트럼프 대통령 취임이 미·중 관계에 어떤 변화를 가져올 것으로 보는가?

니컬러스 호프 | 미·중 관계의 불확실성이 높아진 것은 확실하다. 트럼프와 중국 모두 공격적인 언사를 주고받으며 통상 부문에서 분쟁이 시작될 것으로 본다.

게리 러퍼드 | 내 관점에서 미·중 관계의 미래를 예단하기는 일러 보인다. 트럼프와 대만 총통의 전화 통화가 주목받은 것은 사실이다. 그러나 새로운 행정부가 팀을 꾸리는 중이고, 정책 우선순위가 확실히 정해진 것 같지 않다. 국무부와 상무부, 국방부의 인선을 더 지켜보면서 종합적인 미·중 관계를 가늠할 수 있을 것이다.

미국 대통령과 대만 총통의 접촉은 1979년 이후 처음이었다. 중국에게 대만은 민감한 이슈 아닌가?

니컬러스 호프 | 트럼프가 미·중 관계에 대해 잘못된 조언을 들은 것 같다. 트럼프가 당선 후 처음 시진핑과 이야기할 때 분위기는 나쁘지 않았다. 그러나 대만 총통과 통화하면서 중국과 관계도 틀어졌다.

중국과 관계를 맺어본 모든 사람들은 대만이 중국에게 아주 중요한 존재라는 사실을 안다. 이 문제에 외국이 간섭한다는 사실 자체가 본능적인 반응을 이끌어내는 것이다. 중국과 전쟁을 시작하고 싶으면 대만 독립을 계속 지지하면 된다.

게리 러퍼드 | 트럼프가 통화하기 전에 대만 문제는 미국에서 중요하게 여겨지지 않았으나, 중국에는 대만이 아주 중요한 문제라는 것이 분명해졌다. 대만은 중국에게 타협의 대상이 아니다.

트럼프는 '하나의 중국'조차 흔들 수 있다는 식이다.
가능한 이야기인가?

니컬러스 호프 | '하나의 중국'은 1970년대 닉슨과 키신저Henry Alfred Kissinger가 수립한 미·중 관계의 기본 질서다. 지금 중국은 이 기본이 흔들리고 있음에 큰 우려를 표시하는 것이다. '하나의 중국'은 중국과 대만의 무력 충돌 가능성은 낮추고, 양안 간의 평화를 추구하기 위한 것이다.

미국과 중국은 이 원칙에 합의함으로써 지난 수십 년간 간헐적인 분쟁에도 평화로운 관계를 이어왔다. 미국이 '하나의 중국'을 포기하는 순간, 두 나라의 관계는 심각하게 훼손된다. 전쟁까지 벌어질지는 모르지만 왜 그런 위험을 감수하려 하는가?

게리 러퍼드 | '하나의 중국'을 포기하는 것은 중국에게 용납할 수 없는 일이다. 중국은 수십 년간 이어온 원칙을 폐기하는 미국의 진정성을 의심할 것이다.

트럼프의 '하나의 중국'에 대한 언급이 미·중 무역 이슈와 관련된 것으로 보는가?

니컬러스 호프 | 그렇다면 트럼프는 바보다. 징벌적인 관세 부과나 NAFTA 폐기 같은 무역 전쟁은 모두에게 손해다. 대만은 체스보드의 말이 아니다(협상 대상이 아니라는 뜻). 중국인에게 대만은 성스러운 조국의 일부다. 무역을 위해 대만을 양보하는 일은 절대 일어나지 않는다. 트럼프가 그런 가능성을 생각한다면 착각이다. 조지 슐츠George Pratt Shultz(닉슨 대통령 시절 국무장관)의 '하나의 나라; 평화적 수단one country; peaceful means' 원칙을 되새겨야 한다.

게리 러퍼드 | 대만 문제를 협상 테이블에 올리는 것으로도 미·중 관계가 달라질 가능성을 암시하는 것이다. 대만이 협상 대상이 될 수 있는지는 트럼프만 알 것이다. 대만이 협상 도구가 된다면 중국은 무역이 아니라 더 큰 것을 요구할 것이다.

미·중 관계의 가장 큰 과제는 무엇인가?

니컬러스 호프 | 21세기 미래는 미국과 중국이 협력 관계를 구축하느냐에 달렸다. 두 나라가 좋은 친구가 될 필요는 없지만, 서로 이해관계를 존중하고 양보하려는 의지가 있어야 한다. 지난 70년간 관계의 주도권은 미국에 있었다.

미국의 국익은 공산주의 국가를 제외한 전 세계의 이익과 일치한다는 가정이 있었기 때문이다. 이것이 바뀌고 있다. 이제 중국은 미국이 시키는 대로 하지 않을 것이다. 러시아나 다른 나라도 마찬가지다. 평화롭고 생산적인 세계 질서를 위해 미국은 새로운 리더십이 필요하다.

게리 러퍼드 | (미·중 관계는) 미국에게 전략적으로 가장 중요한 문제다. 누가 아시아에서 주도권을 장악하며 국제 질서를 만들어갈까? 이것은 경제와 안보 분야에 관련되며 각 지역, 나아가 세계 질서와 관련된 문제다. 두 나라의 경제적 이해관계를 어떻게 조율할까?

미국은 아시아에서 강해진 중국의 영향력을 인정하고 대응책을 고민해야 한다. 지난 20년간 확대된 중국의 군사력도 고려해야 한다. 2020년 중국 해군은 미국에 이어 세계 2위가 되고, 2030년에는 미국과 비슷한 수준이 될 것이라는 관측도 있다. 중국과 러시아의 관계도 중요하다. 안보 환경을 복잡하게 할 수 있는 또 다른 요소다.

본 대담 내용은 학문적이고 중립적인 목적으로 제공되었으며,
특정 시장과 상품에 대한 상업적 목적으로 이용할 수 없습니다.

2

링 위의 플레이어 되기 : 겁낼 필요 없다

트럼프 자서전 《거래의 기술》에는 젊은 시절 트럼프가 아버지와 함께한 아파트 사업에 대한 에피소드가 있다. 트럼프 부자는 미국 중부 신시내티에 위치한 스위프트튼빌리지라는 아파트에 투자했다. 이들은 경매를 통해 아파트를 싼값에 매입하고, 보수 후 임대료를 올리는 방식으로 돈을 벌었다.

이 과정에서 트럼프는 아파트 관리인을 고용한다. 어빙이라는 관리인은 능력 있지만 도덕성이 바닥이었다. 그는 전과자에 사기꾼이며, 회사 공금을 횡령한 것을 모두 알고 있었다. 하지만 트럼프는 어빙의 잘못을 눈감아주었다. 어빙은 "정직한 다른 관리인들보다 훨씬 '유능하고 멋진 사람'이었기 때문"이다.

일단 어빙은 입주자들의 임대료를 받아내는 데 탁월했다고 한다. 트럼프는 "어빙은 하루에 한 시간밖에 일하지 않았으나 열두 시간 꼬박 일하는 사람들보다 훨씬 성과가 좋았다"고 썼다.

트럼프는 설사 어빙이 공금을 횡령하더라도 그가 창출한 이득이 횡령한 금액보다 많다고 생각했다. 그래서 어빙을 해고하기는커녕 그에게 태연히 "내가 주는 보수에는 당신이 빼돌리는 돈도 포함된다"고 농담을 던졌다.

사자와 조련사

트럼프가 보기에 어빙은 멋진 사람이었다. 작고 통통한 체구에 싸움이라고는 전혀 못하는 육체적 조건이지만, 입심이 워낙 세고 두려움이 없었기 때문이다. 한번은 트럼프와 어빙이 일하는 사무실에 거구의 입주자가 들어와 어빙에게 달려들었다.

알고 보니 낮에 어빙이 임대료를 받으러 아파트에 찾아가 입주자의 딸에게 욕을 퍼붓고, 심지어 그 아내에게 추근댔다는 것이다. 트럼프를 놀라게 한 것은 어빙의 대응이다. 어빙은 자기보다 몸집이 두 배나 큰 사나이에게 삿대질하며 호통을 쳤다.

"사무실 밖으로 나가. 죽여버리겠어. 내 손은 살인 무기야!"

"언제든 싸워주지. 그런데 나랑 싸우는 게 불법이라는 건 알아둬!"

결국 그 입주자는 어빙의 위협에 별다른 대응을 하지 못하고 사무실에서 나갔다. 트럼프는 "이 사건은 내게 생생한 감동을 주었다"면서 다음과 같이 서술했다.

> 어빙의 손은 결코 힘을 쓸 것처럼 보이지 않았다. 그러나 그는 사자 조련사 같은 데가 있었다. 150파운드(68kg)밖에 나가지 않는 어빙 같은 남자가 800파운드(362kg)짜리 사자가 웅크리고 있는 우리로 들어간다고 생각해보라. 들어오는 사람에게서 약점이나 두려운 기색을 눈치챘을 때 사자가 조련사를 덮치는 것은 시간문제다. 그러나 조련사가 채찍을 휘두르며 당당하게 접근하면 놀랍게도 사자는 그의 말을 듣는다. 여러분도 겁낼 필요가 없다. 무슨 일이 벌어지든 당신의 자리에서 당당히 일하면 된다.
>
> —도널드 트럼프, 《거래의 기술》

트럼프는 어빙을 진심으로 멋지다고 생각했다. 거구의 사내 앞에서 주눅 들지 않는 당당함에 감동받았을 정도다. 조련사가 약점이나 두려운 기색을 보이지 않으면 사자를 길들일 수 있으므로, 무슨 일이 벌어지든 당당하라고 독자들에게 충고한다.

이런 자세는 트럼프의 인생 전반에 걸쳐 확인할 수 있다. 트럼프는 거래 혹은 싸움을 '예술'이라 불렀고, 싸움을 피하지 않는 사람들을 좋아했다. 싸움에 임해서는 적이라도 상대방의 당당한 자세에는 애정과 존경을 표하며, 자기편이라도 싸움을 피하고 '약점이나 두려운 기색'을 보이는 사람은 높이 평가하지 않았다. 그는 싸움을 피하는 이들을 '기계 같은 인간'이라며 경멸했다.

(기계 같은 인간보다) 감정이 있는 살인자와 협상하는 편이 오히려 나을지 모른다. 차라리 그런 사람이라면 내 쪽에서 고함을 치면 그쪽도 고함치겠지만 결국 협상을 잘 마무리 지을 것이다. 그러나 기계 같은 인간이 '노'라고 이야기할 때는 완강한 것이다. 그에게 협상은 하나의 일일 뿐이며, 원하는 것이라고는 빨리 퇴근해서 그 일을 잊어버리는 일이다.

—도널드 트럼프, 《거래의 기술》

거래 상대의 자격 : 당당하게 싸우기

트럼프가 중국·러시아와 주고받는 펀치도 이런 관점에서 이해할 수 있다. 트럼프와 푸틴은 애정을 숨기지 않는 사이지만, '핵전력 강화'에 대해 날 선 대화를 주고받기도 했다. 트럼프의 연이은 중국 때리기에 중국도 강한 언어로 대응한다. 그러나 앞서 말한 대로 이는 강대국 사이의 주도권 다툼이며, 오래된 거래 방식이다.

미국 대통령 누구나 해온 일이지만, 트럼프는 대놓고 싸운다는 점이 다를 뿐이다. 그의 거친 언행은 국제 무대에 본격적으로 데뷔한 트럼프 스타일의 탐색전이며, 중국을 희생양으로 국내 갈등을 봉합하려는 정치 전략이다. 트럼프의 공격적인 발언에 지나치게 불안해할 필요가 없다.

트럼프 대통령 당선 후 중국에서 유행한 유머가 있다.

"아시아·태평양 지역에 푸틴이 4명 있다. 진짜 푸틴, 푸틴을 좋아하는 트럼프, 푸틴을 넘어서려는 시진핑 그리고 푸틴을 넘어선 김정은."

강한 남자가 먹히는 시대다. 이런 사람에게는 싸움을 받아주는 것이 중요하다. 링 위의 플레이어로 인정받아야 결과를 기대할 수 있다.

트럼프에게 당당히 맞서자고 하면 "트럼프를 화나게 했다가 이성을 잃고 핵 단추를 누르면 어떡하지?" 같은 질문을 하는 사람들이 여전히 있어서 하는 이야기다. 트럼프는 싸움을 좋아하고, 싸움꾼도 좋아한다. 덩치가 크지 않은 사람이 파이팅을 보여주면 '생생한 감동'도 느낀다.

3

중국과 미국의 속내 : 원/달러 환율이 오를 수밖에 없는 이유

트럼프와 가장 먼저 싸움을 시작한 나라는 중국이다. 유세 기간 동안 트럼프는 주요 공약으로 중국 제품에 대한 45% 관세 부과, 환율 조작국 지정, 세계무역기구WTO 지식재산권 제소 등을 내걸며 중국과 통상 전쟁을 예고했다.

잇따른 트럼프의 도발에 중국도 가만있지 않았다. 트럼프 취임을 앞두고 발언의 수위를 높였다.

> 트럼프는 좀처럼 입을 다물지 못하는 능력이 있으며, 도발과 거짓말을 일삼는다.
>
> — 2016년 12월 6일, 〈환구시보〉

중국은 충분한 탄약을 준비하고 트럼프와 함께 롤러코스터를 탈 준비가 되었다.

— 2016년 12월 12일, 〈환구시보〉

말로만 싸우는 트럼프와 중국

중국과 미국이 무역 마찰을 예고하면서 출렁인 것은 외환시장이다. 수년간 하락을 이어가던 위안화가 2017년이 시작되자마자 큰 폭으로 절상하면서 원/달러 환율이 하루 만에 20원 이상 급락하기도 했다. 트럼프가 취임 후 중국을 환율 조작국으로 지정하고, 위안화 절상을 압박할 것이라는 예상 때문이었다고 한다.

이 논리는 좀 이상하다. 미국이 중국에게 위안화 절상을 압박한다? 이 주장에는 중국은 위안화 절상을 원하지 않고, 미국은 원한다는 가정이 있다. 그러나 이 해석은 틀렸다. 트럼프와 중국은 모두 위안화 절상을 원한다. 다른 문제는 몰라도 위안화 환율에 대해서는 둘이 원하는 것이 같다. 말싸움을 할 뿐이다.

중국이 위안화 절상을 억지로 막고 있으니 환율 조작국으로 지정해 위안화 가치를 올려야 한다고 주장하는 사람들이 있었다. 미국의 대중 무역 적자는 위안화 가치를 인위적으로 낮게 유지한 중국 정부의 '환율 조작' 때문이니, 중국을 환율 조작국으로 지정해서 위안화 가치를 떨어뜨리면 무역 적자를 줄일 수 있다는 논리다. 미국 정부는 이런 목적으로 1992년과 1994년에 중국을 환율 조작국으로 지정했다.

그러나 지금은 상황이 다르다. 중국은 오히려 위안화 가치 하락을 우려한다. 2014년 초부터 위안화 절하가 빠르게 진행되면서 외화보유고가 급격히 줄고 있다. 위안화 가치가 떨어지는 주된 원인은 중국에서 달러 자본 유출이다. 2016년 한 해 동안 2조 위안(340조 원) 이상이 해외로 유출되었다. 위안화 가치가 2014년 이후 3년 연속 떨어지면서 불안해진 중국 투자자들이 중국 내 자산을 처분, 미국을 비롯한 해외 자산을 매입하는 것이다.

한국 경제가 불안해지면 부자들부터 자산을 해외로 빼돌리기 시작하는 것과 마찬가지다. 자본 유출이 계속되면서 위안화 가치가 하락하고, 위안화 절하로 더 많은 투자자들이 불안감에 중국을 떠나는 악순환이 벌어진다.

중국 정부는 위안화 가치의 추가 하락을 막아야 한다. 위안화 하락을 막아야 하는 이유 중 하나는 중국의 막대한 기업 부채(외화) 때문이다. 중국의 기업 부채 규모는 미국을 제치고 세계 1위다. 특히 달러 부채가 위험 수준이어서, 위안화 가치가 더 떨어질 경우 기업의 외채 상환 부담이 급격히 늘어날 수 있다. 은행을 비롯한 금융기관들의 달러 부채 증가 속도가 빠르다는 것도 중국 정부를 불안하게 한다. 한국의 외환위기 직전과 비슷한 상황이기 때문이다.

대세는 위안화 하락이다

중국 정부가 위안화 가치 하락을 방조할 수 없는 또 다른 이유는 위안화 기축통화의 꿈 때문이다. 기축통화란 국제적으로 누구나 찾는 통화다. 중국 정부는 2009년 이후 위안화를 달러화 같은 기축통화로 만들기 위해 노력하고 있다. 2015년 10월에는 위안화가 IMF의 특별인출권SDR 구성 통화가 되면서 엔화와 파운드화를 제치고 달러화와 유로화에 이어 세계 세 번째 주요 통화가 되는 성과를 얻기도 했다.

IMF는 국제통화의 조건으로 1) 국제적 사용도, 2) 경제력을 명시한다. 국제적 사용도를 높이기 위해서는 위안화 가치가 지나치게 떨어지면 안 된다. 그래야 더 많은 기업이 위안화 결제에 참여한다. 경제력의 조건에는 자본거래의 개방성이 포함된다. 중국의 외환시장 개입과 자본통제는 개방성에 역행하는 조치다. 중국 정부는 위안화 가치 하락을 막아야 하지만, 대놓고 자본 통제를 할 수 없는 딜레마에 빠졌다.

자본 유출에 따른 위안화 절하를 막기 위해 외환시장에 개입한 결과, 중국의 외화보유고는 5년 이래 최저치까지 하락했다. 2014년 중반에 4조 달러에 육박하던 외화보유고가 2016년 말에는 3조 달러 초반까지 떨어지면서 IMF 권고 수준의 하단(2조 8000억 달러)에 근접한 것이다. 위기감이 든 중국 정부는 중국 기업의 해외 대형 M&A 투자를 금지하는 등 자본 유출을 통제하기 위해 안간힘을 쓰고 있다.

그러나 통제할수록 회피 방법도 교묘해진다. 일부 중국 기업은 자본 통제 조치를 피하기 위해 위안화를 결제 방식으로 유출한 다음 해외에서 환전하기도 한다. 중국 정부의 자본 통제 이후 위안화 대금 결제가 별다른 이유 없이 급증했는데, 중국 내부에서는 이와 같은 '몰래 환전' 수요가 상당히 포함되었다고 본다.

이런 상황에서 트럼프의 '환율 조작국 지정'을 통한 위안화 절상 압박은 중국 정부를 오히려 도와주는 조치다. 위안화 절상은 트럼프와 중국에게 모두 좋다. 달러화 강세를 더 방조할 수 없는 트럼프에게도 도움이 된다.

그러나 금융시장은 트럼프와 중국의 정치적 의지가 아니라 자본의 흐름에 따라 움직인다. 중국 정부가 열심히 시장에 개입한다는 사실 자체가 위안화 절하, 달러화 강세의 추세가 그만큼 강하다는 뜻이다. 정부의 시장 개입은 어떤 시장에서나 속도를 완화할 수 있지만, 대세를 바꿀 수는 없다.

중국 정부의 온갖 노력에도 2016년 위안화는 달러화 대비 6~7% 떨어졌다. 2017년 초 트럼프의 환율 조작국 발언과 중국 금리 인상MLF에도 위안화 강세 분위기는 지속되지 못했다. 전문가들은 위안화 약세가 계속될 것으로 전망한다. 2017년 1분기 중 7위안 선이 무너지고, 연말까지 5~6% 더 떨어질 것으로 보인다.

반면 달러화 가치는 계속 오를 것으로 전망된다. 미국의 금리 인상과 미국 경제 호조, 트럼프발 불확실성 속에 안전자산 선호 현상이 달러화 절상에 힘을 실어준다. 세계경제가 흔들려도 달러는 절대 한순간에 무너지지 않는다는 '달러 트랩dollar trap' 이론이다. 여기에 트럼프의 미국 우선주의와 인프라 투자가 투자 수요에 불을 지폈다. 미국의 금리 인상이 계속되면 달러화의 신흥국 통화 대비 절상 압력은 더 커질 것이다.

위안/달러 환율의 상승은 원/달러 환율에도 큰 영향을 준다. 최근 들어 원화와 위안화의 동조화 현상이 더욱 뚜렷해지고 있다. 한국 수출의 중국 의존도(25%)가 나날이 높아지는데다, 트럼프의 무역·안보 관련 중국 공격에서 한국 역시 간접 영향권에 있기 때문이다. 트럼프와 중국이 부딪치면 위안/달러 환율이 출렁이고, 이에 따라 원/달러 환율도 움직인다. 2017년 위안화가 하락하면 원화도 하락할 가능성이 높다.

미국과 중국의 무역 전쟁은 이제 시작이다. 공이 어디로 튈지 아무도 모른다. 이 불확실성 속에 트럼프와 중국 모두 위안화 절상을 원하는 점은 확실한데, 큰 흐름은 달러화 강세와 위안화·원화 약세다.

트럼프가 중국에 대해 환율 조작국 운운하는 것은 내수용 인기 전략이며, 중국을 협상 테이블로 끌어들이려는 값싼 카드일 뿐이다. 적어도 환율 문제에서 트럼프와 중국은 같은 것을 원한다.

중국 투자자들의 해외 자산 쇼핑

2016년 5월 스탠퍼드대학교 경영대학원 교수 대럴 더피와 나눈 중국 경제에 대한 대담 중 위안화와 자본시장 관련 내용을 요약했다.

대럴 더피는 1984년부터 스탠퍼드대학교 경영대학원 교수로 재직 중이며, 채권시장과 금융 규제, 자산 가치 평가 전문가다. 서브프라임 모기지 이후 FRB와 ECB의 새로운 금융 규제안에 폭넓게 참여해왔으며, 신용평가기관 무디스의 이사다.

최근 중국 정부가 해외 투자 유치에 활발하다고 들었다.

사실이다. 중국 정부는 해외 금융기관에서 투자를 유치하는 데 힘을 쏟는다. 급격한 달러 자본 유출을 상쇄하기 위해서다. 최근 런던의 한 메이저 금융기관 관계자와 이야기할 기회가 있었다. 내가 "요즘 중국 투자 라이선스가 잘 나오느냐?"고 묻자, "라이선스 문제를 해결해주는 수준을 넘어 중국 정부가 중국에 들어오라고 설득할 정도로

| 대럴 더피 |

적극적"이라고 대답했다.

중국에서 빠져나가는 자금 규모가 그렇게 큰가?

그렇다. 위안화 가치가 하락하면서 중국 투자자들이 불안해한다. 중국 자산 가치가 더 떨어지기 전에 자금을 빼려는 움직임이다. 중국 정부는 이를 상쇄하려고 외국인 투자 유치에 힘쓴다.

중국 정부는 위안화 가치 하락을 저지하려 하는가? 수출에는 좋지 않을 것 같은데…

지나친 무역 흑자는 중국 입장에서도 반가운 일이 아니다. 중국 정부는 장기적으로 무역균형을 추구하려 한다. 2015년과 같은 위안화의 급격한 절하는 금융시장에 충격을 몰고 온다는 것도 배웠다. 중국은 위안화 절하 속도를 조절하기 위해 노력 중이다.

그런데도 위안화 하락을 우려하는 이유는?

중국 부채 문제 때문이다. 중국 기업의 차입 규모는 세계 1위다. 중국 경제가 성장해왔기 때문에 차입 규모 자체가 큰 것은 문제가 아니다. 그러나 외화 차입 규모가 커서 위안화가 하락하면 부채 부담이 증가해 불안감이 퍼지고, 위안화 하락 속도가 더 빨라질 수 있다.

중국이 채무 위기에 빠질 수 있다는 것인가?

중국 채권시장에는 두 가지 문제가 있다. 자금을 비효율적인 국영기업이 독점하는 것, 부채 상환에 실패한 기업의 파산 절차가 제대로 갖춰지지 않은 것이다. 위기가 올 경우 체계적인 대응이 불가능하다. 문제를 해결하지 못하면 위기가 올 수 있다.

중국 자본시장 개혁은 어떻게 보나?

현재까지 잘하고 있다고 본다. 중국 자본시장이 개방되면서 자본 유출이 많아졌지만, 유입도 늘어나는 추세다. 유입되는 자금은 외국인의 중국 투자다. 자본시장 개방은 필요하다. 단기적으로 위안화 가치 하락을 막아야 하고, 장기적으로 기업들의 달러화 차입 루트를 다변화해야 한다.

달러화 유출이 위안화 가치 하락의 원인이라는 데 동의하나?

그렇다. 위안화 절하 원인은 중국 투자자들이 해외 자산을 쇼핑하기 때문이다. 통화가치가 떨어지니 중국 투자자들이 불안해한다. 게다가 중국 투자자들은 원래 한국이나 일본 사람들보다 해외 투자에 적극적이다.

중국인이 해외 투자에 적극적인 이유가 있나?

중국인이 나라를 덜 사랑해서(not royal)는 아니다.(웃음) 경제 규모에 비해 자본 통제가 심했기 때문이다. 한국과 일본에 비교할 수 없다. 중국인의 해외 투자가 막혔고, 외국인의 중국 투자도 어려웠다. 최근에 시장이 개방되면서 수요가 폭발했다.

위안화가 불안하다고 생각하는가?

예의 주시하고 있다. 중국 기업 부채가 문제다. 중국의 정부 부채는 GDP 대비 60% 수준으로 미국보다 훨씬 낮다. 문제는 기업 부채인데, GDP의 100%가 넘는다. 과거에는 중국 정부가 개입해서 해결할 수 있었는데, 지금도 가능한지가 관건이다. 통제에 실패할 경우 위안화 급락으로 중국과 세계경제 모두 타격 받을 수 있다.

중국 정부가 외화 유입을 위해 노력하고 있다.

사실이다. 외화 유출 문제를 해외 투자 유치로 해결하려는 시도라고 본다.

중국 시장 전망은 긍정적인가?

그렇다. 업사이드가 있다고 생각한다. 2015년 위안화가 IMF의 SDR 구성 통화에 편입되었는데, 이것은 중국의 오랜 바람이었다. 2016년에는 실패했지만 2017년에는 모간스탠리캐피털인터내셔널지수MSCI 편입도 가능하다고 본다. 둔화되었다고 해도 6% 경제성장률은 나쁘지 않다. 인플레이션이 심하지 않기 때문에 실질성장률도 4%는 된다.

중국 기업 부채는 해결 가능한 것으로 보나?

중국 정부가 가는 방향은 옳다고 본다. 국영기업과 민간 기업의 효율성을 제고해야 하고, 자본시장을 개방해서 선진 자본을 계속 받아들여야 한다. 두 가지가 함께 진행돼야 효과가 크다.

구조 개혁을 말하는 것 같은데, 경기 부양과 함께 하기에 부담이 되지 않나?

구조 개혁과 경기 부양을 동시에 진행하는 것은 어려운 일이다. 그러나 비효율적인 국영기업을 정리하면서 외화 자본의 유·출입을 자유롭게 해서 본격적인 자본시장 경제로 나가야 한다. 그것이 국제 금융시장이 중국에 기대하는 바다. 자본시장 개방은 경기 부양처럼 돈이 많이 드는 일이 아니므로, 정부 의지에 따라 속도를 낼 수 있다.

중국 시장에 투자 종목을 추천한다면?

구조 개혁이 잘 진행된다면 가장 비효율적인 부분이 가장 많이 개선

될 수 있다. 국영기업과 금융기관이다. 금융기관이 제대로 된 대출 기준을 만들고, 이에 따라 국영기업이 사업 계획만 세워도 많이 좋아질 것으로 본다. 국영기업의 이해 상충 문제도 해결해야 할 과제다.

본 대담 내용은 학문적이고 중립적인 목적으로 제공되었으며,
특정 시장과 상품에 대한 상업적 목적으로 이용할 수 없습니다.

4

월가는 트럼프가 불편하다

중국이 겉으로 싸우면서 트럼프와 은근히 교감하는 사이라면, 월가는 반대다. 규제 완화와 감세는 반갑지만, 클린턴을 지지한 월가는 여전히 트럼프가 불편하다. 트럼프와 함께 갈 미래가 불안하기 때문이다.

월가는 숫자로 보면 '트램프 랠리'의 가장 큰 수혜자다. 미국 주요 은행의 주가는 트럼프 당선 이후 2016년 연말까지 두 달 만에 20% 넘게 상승했다. 트럼프 당선의 충격에 잠시 출렁이던 금융시장은 트럼프노믹스Trumpnomics를 재조명하며 상승 반전했다. 1조 달러 인프라 투자 공약이 금리 상승 전망을 강화하며 저금리에 따른 수익성 악화에 시달리던 은행업 전체에 호재로 작용했다. 트럼프 혐오자 워런 버핏조차 117억 달러(14조 원)에 이르는 투자 수익을 거뒀다.

트럼프는 경제 각료도 월가 출신 인물로 채웠다. 당선 한 달 뒤인 2016년 12월, 골드만삭스 출신 인사 3명을 임명했다. 재무장관 스티븐 므누신Steven Mnuchin, 백악관 수석 전략가 스티브 배넌Steve Bannon, 국가경제위원회NEC 위원장 게리 콘Gary Cohn이 그들이다.

2017년 취임을 앞두고 금융기관 감독의 수장인 증권거래위원회SEC 위원장으로 '월가 변호사'로 알려진 제이 클레이튼Jay Clayton을 지명해 입방아에 오르기도 했다. 민주당을 비롯한 진보 진영은 클레이튼이 서브프라임 모기지 위기 당시 바클레이즈와 골드만삭스를 대리한 점을 들어, "여우에게 닭장을 맡긴 꼴"이라며 비난했다.

여기까지 보면 트럼프의 행보는 친親월가처럼 비친다. 당선 직후 월가에 주가 상승이라는 선물을 안기고, 월가 출신 인사를 경제 각료로 등용했다. 반대 진영은 이런 트럼프를 향해 "선거 때는 월가를 비판해놓고 친월가 인사로 내각을 채웠다"며 공격한다.

그러나 트럼프는 월가의 아군이 아니다. 오히려 적군에 가깝다. 트럼프의 월가 개혁은 착착 진행 중이다.

월가는 클린턴을 원했다

월가의 아군은 클린턴이었다. 월가가 클린턴을 지지한 이유는 여러 가지다. 일단 월가에게 클린턴은 오랜 친구 같은 예측 가능한 후보다. 클린턴은 오바마 정부에서 국무장관을 지내기 전, 뉴욕 주 상원의원이었다. 월가를 장악한 유대계 자본과 클린턴은 친밀한 관계다. FRB를 비롯해 월가 금융계를 장악한 유대계 전체가 클린턴을 지지했다. 잘 길들여진 정치인 클린턴이 다루기 편한 상대였기 때문이다.

반면 트럼프는 불확실성 그 자체였다. 당선 자체가 예상 밖인데다, 선거 기간 중 월가를 계속 공격하면서도 구체적으로 무엇을 어떻게 바꾸겠다는 것인지 밝히지 않았다. 트럼프의 전형적인 '예측 불가능' 전략인데, 금융인은 불확실성을 가장 싫어한다. 주식시장에서는 확실한 악재가 불확실한 호재보다 낫다고 한다.

그래서 월가는 클린턴을 지지했다. 클린턴이 조지 소로스George Soros를 비롯해 월가에서 받은 후원금은 우리 돈으로 700억 원에 이른다. 트럼프(230억 원)의 3배가 넘는다. 2016년 5월에는 클린턴 부부가 월가에서 받은 강연료가 논란이 되기도 했다. 클린턴 부부가 2년 동안 벌어들인 강연료 수입은 300억 원이 넘었다. 백악관을 떠날 때 파산 상태였다는 클린턴의 엄청난 수입에 트럼프는 '부패한 힐러리Crooked Hilary'라는 별명을 붙였고, 이 별명은 유권자들에게 잘 먹혔다.

트럼프는 월가를 바꾸려 한다. 본인을 지지하는 저학력·저소득층이 월가 개혁을 요구하기 때문이다. 트럼프는 미국의 빈부 격차가 '앵그리 트럼프'들을 투표장으로 이끈 덕에 대통령으로 당선되었다. 금융위기 이후 "우리가 99%"라며 시위한 이들이다. 이제 이들의 분노는 월가를 겨냥한다.

미국의 빈부 격차 문제는 생각보다 심각하다. 연평균 소득이 5만 달러(6200만 원)가 넘는 미국은 세계에서 가장 부유한 나라지만, 한편 가장 차별적인 나라다. 하위 50%의 연평균 소득은 1만 6000달러(1900만 원)에 불과하며, 이는 1980년대 이후 바뀌지 않았다.

같은 기간 상위 1%의 소득은 3배로 증가했다. 미국 밀레니얼(1980년대 초부터 2000년대 초에 태어난 세대)의 절반이 부모보다 소득이 증가했을 뿐이다. 1940년대에는 이 비율이 100%였다. '기회의 상실' '아메리칸 드림의 붕괴'가 트럼프의 승리를 이끌었다.

하고 싶은 대로 하되, 망하면 정부가 책임지지 않는다

트럼프가 이들을 위해 내놓은 카드는 무엇인가? 공화당과 함께 추진하는 '도드-프랭크Dodd-Frank법' 폐지다. 이 법은 오바마 정부가 서브프라임 모기지 사태 이후인 2010년에 발표한 금융기관 규제로, 은행의 업무 영역과 자본 확충 의무, 파생상품 거래에 대한 폭넓고 강력한 규제를 담고 있다.

이 법의 일부인 '볼커 룰Volcker rule'은 은행이 고객의 예금으로 위험한 투자를 하는 것을 막는 내용이다. 대형 은행의 파생상품 투기로 금융위기가 촉발되었다는 반성에서 비롯된, 대공황 이후 가장 강력한 금융 규제로 불린다.

트럼프와 공화당은 도드-프랭크법을 지속적으로 비판해왔다. 당초 의

도와 달리 제대로 된 규제 역할을 하지 못했고, 법이 복잡하게 확장되어 시장의 활력만 잃게 했다는 주장이다. 전 FRB 의장 앨런 그린스펀Alan Greenspan도 폐지를 주장한다. 사람들은 말한다. 월가에 '금융 규제 완화에 대한 기대감'이 있다고.

과연 그럴까? 트럼프는 월가를 위해 금융 규제를 완화하려는 것인가? 트럼프와 공화당이 도드-프랭크법의 빈자리를 채울 대안으로 제시한 '금융선택법Financial Choice Act 2.0'에 그 답이 있다. 금융선택법은 7개 대원칙을 명시했는데, 주요 내용을 요약하면 다음과 같다.

첫째, 경쟁적이고 투명하며, 혁신적인 자본시장 형성을 통한 경제성장을 추구한다.

둘째, 국민의 세금으로 하는 금융기관 규제는 폐지되어야 하며, 이제 '대마불사'는 없다.

셋째, 규제는 단순해야 한다. 인맥과 권력이 있는 자들이 복잡한 규제의 틈을 이용하고 있다.

첫째 원칙은 다양한 금융 산업 활동을 허가해 시장 경쟁과 혁신을 추구한다는 것으로, 볼커 룰처럼 특정 사업을 금지하는 조항은 없애겠다는 의미다. 사업 다각화 측면에서 월가도 반기는 방향이다.

둘째 원칙은 실패한 금융기관을 정부가 구제해주지 않겠다는 것이다. 특히 대형 기관이라고 해서 구해주는 일이 없을 것이라는 입장이다. 대마불사는 금융위기 중 대형 금융기관이 위기에 빠질 경우, 국가 경제에 미칠 영향을 고려해 정부가 이들을 구제해주는 것을 가리킨다.

셋째 원칙은 규제의 단순화다. 트럼프와 공화당은 도드-프랭크법이 의도와 달리 규제 영역을 무분별하게 확대하면서 지나치게 복잡해졌다고 본다. 이 대안으로 모든 규제를 단순화하는 '10% 자본 확충'안을 제시하려 한다. 금융기관에게 자산의 10%에 해당하는 금액을 항상 현금으로 보유하라고 요구하는 것이다. 물론 도드-프랭크법과 마찬가지로 대형 기관에 엄격한 자본 비율을 요구한다.

금융선택법을 제안한 하원 금융서비스위원회 젭 헨슬링Jeb Hensarling 위원장은 "1년 유예기간을 줄 테니 도드-프랭크법의 복잡한 규정을 전부 지키든지, 10% 자본 확충을 하는 것으로 끝내든지 선택하라"는 입장을 밝혔다.

이 원칙들을 한마디로 하면 "하고 싶은 대로 하게 놔두되, 망하면 정부가 책임지지 않는다"는 것이다. 위험한 거래를 포함해 뭘 하든 신경 쓰지 않을 테니 안전장치(자본 확충)를 확실히 하고, 망할 경우 알아서 하라는 의미다. 특히 대형 기관에 엄격하다.

골드만삭스 출신 인사는 월가 개혁의 도구

도드-프랭크법과 금융선택법에서 확인할 수 있는 것 하나. 금융 규제 철학의 차이다. 도드-프랭크법이 은행의 사업 영역을 제한하는 대신(볼커 룰) 책임을 피할 수 있는 길을 완전히 닫지 않은 반면, 금융선택법은 활동 영역을 넓게 해주고(볼커 룰 폐지) 책임도 강화했다(대마불사 불가). 양쪽은 서로 '구시대적 규제 철학'이라고 공격한다.

월가, 특히 대형 금융기관이 금융선택법에 대해 불편하게 생각하는 부분은 자본 확충 요구다. 자산 규모가 큰 만큼 자본 확충 부담이 큰데다, 일부 공화당 의원들은 대형 금융기관에 10%보다 훨씬 높은 자본 비율을 주장하기 때문이다.

10%가 객관적으로 높은 비율은 아니지만, 자본의 성격과 범위가 어떻게 정해지느냐에 따라 계산이 복잡해질 수 있다. 어쨌든 가장 중요한 '돈줄'에 대한 또 다른 불확실성인 것이다. 도드-프랭크법이 복잡해진 데는 금융기관의 로비로 여러 가지 출구가 생긴 원인도 있다. 처음에 도드-프랭크법에 격렬히 저항하던 대형 금융기관은 적응 기간이 끝난 지금, 오히려 법 폐지에 반대하는 입장을 솔직히 밝힌다.

"우리는 도드-프랭크법을 통째로 폐기해야 한다고 요구하지 않는다."

— 제이미 다이먼Jamie Dimon(JP모간체이스 CEO)

"내가 가장 먼저 요구하는 것은 새로운 규정이 생기지 않는 것."

— 존 거스파치John Gerspach(씨티그룹 CFO), 2017년 1월 7일 〈월스트리트저널〉

월가 CEO 입장에서는 수억 달러를 들여 적응한 도드-프랭크법에 변화가 생기는 것 자체가 싫다. 도드-프랭크법은 익숙한 틀이지만, 새로운 규제가 생기면 적응하는 데 추가적인 시간과 비용이 든다. 실제로 오바마 정부 시절, 월가의 로비로 도드-프랭크법의 많은 부분이 무력해지기도 했다. 새로운 규제가 생기면 월가는 모든 것을 다시 시작해야 한다. 변화가 싫어서 클린턴을 지지한 것과 같은 맥락이다.

트럼프는 절대 월가의 아군이 아니다. 트럼프 당선 후 골드만삭스 주가가 30% 넘게 오른 것은 사실이 아니냐고 반문할 수 있다. 사실이다. 그러나 금융주의 상승은 금리 상승과 함께 감세, 규제 완화에 따른 기업 실적 개선 전망이 결합된 결과지, 단지 트럼프가 월가를 위해 의도한 '금융 규제 완화' 때문이 아니다.

골드만삭스 출신 인사도 그렇다. 단순히 월가 출신이라고 비판하는 것은 논리적이지 않다. 골드만삭스 출신 재무장관은 이전에도 있었다. 로버트 루빈Robert Rubin(빌 클린턴Bill Clinton 재임)과 헨리 폴슨Henry Paulson(조시 W. 부시 재임)으로, 둘 다 성공적으로 임기를 마쳤다.

SEC 위원장이라고 다르지 않다. 금융위기 때 골드만삭스와 바클레이즈를 변호한 경험이 있다니, 그 속성을 누구보다 잘 알 것이다. 트럼프의 표현에 따르면 "금융업과 규제에 정통한" 드문 사람이니, 감시의 칼날도 더 날카로울 것으로 기대한다. 손볼 곳이 많은 도드-프랭크법을 수술대에 올려놓기에 적합한 사람일지 모른다.

월가의 아군은 클린턴이었다. 트럼프는 여전히 '월가 개혁'을 꿈꾼다.

5

트럼프는 한국에 관심이 없다

트럼프의 금융 규제 개혁은 취임 직후 추진될 가능성이 높다. 트럼프노믹스 중 가장 많이 준비되었고, 정치적 위험이 적은데다, 공화당이 동의하는 정책이 금융 규제 개혁이다.

그렇다면 다른 경제정책은 어떤 순서로 실행될까? 트럼프 경제학, 트럼프노믹스의 주요 내용을 요약하면 다음과 같다.

1 | 법인세와 개인소득세 감면

2 | 국제무역 재협상 : TPP, NAFTA 등

3 | 도드-프랭크법 폐지 : 금융 규제 완화

4 | 오바마 케어 폐지 혹은 수정

트럼프의 목적은 의회와 협력을 통해 최대한 많은 공약을 이행하는 것이다. 앞서 언급했듯이 취임 후 100일은 대통령의 힘이 가장 강한 때로, 의회도 최대한 협력할 수밖에 없는 시기다. 트럼프는 이 기간을 잘 이용하고자 한다.

경기 부양의 타이밍도 중요하다. 2018년 11월 중간선거가 예정되었기 때문이다. 트럼프는 취임 초기인 2017년부터 중간선거 전까지 감세, 규제 완화 등 경기 부양책으로 경기를 최대한 끌어올려 선거를 승리로 이끈다는 생각이다. 경제성장을 통해 정치적 자본political capital을 쌓아 선거에 승리하고, 이후 논란이 많은 오바마 케어나 이민 장벽 같은 문제를 순차적으로 추진할 가능성이 높다.

취임 후 100일의 청사진

취임 전 발표된 트럼프의 '100일 청사진'에는 이런 속내가 잘 드러난다. 취임 후 100일간 정책 우선순위는 대통령의 서명으로 실행 가능한 행정명령으로 채워졌다. 논란이 예상되는 이민 장벽이나 오바마 케어는 우선순위에서 빠졌다. 다만 오바마 케어나 이민 장벽에 대해서도 공약 이행을 다짐하는 메시지는 지속적으로 보낼 것이다.

이민 장벽과 오바마 케어는 단기간에 실행하기 어려운 문제다. 이민 장벽의 경우, 트럼프는 "멕시코와 국경에 이민 장벽을 쌓고 그 비용을 멕시코가 내게 하겠다"고 약속했다. 그러나 멕시코가 비용을 자발적으로 부담할 리 없으므로, 장벽을 설치하자면 의회에 비용을 청구해야 한다. 문제는 의회가 동의할 가능성이 거의 없다는 것이다.

2000마일(3200km) 가까이 되는 미국과 멕시코 국경에 장벽을 세우는데 드는 비용은 최소 수백억 달러에 달한다. 이 비용을 받아내려면 상원의원 60명의 동의가 필요하다. 현재 상원에 공화당 의원이 52명이므로 민주당에서 8표를 받아야 한다. 가능성이 낮은 이야기다. 멕시코가 이를 부담하게 한다는 것은 더욱 실현 가능성이 없다.

오바마 케어는 더 민감한 문제다. 일단 오바마 케어의 대안이 구체적으로 준비되지 않았다. 오바마 케어를 폐지할 경우, 공화당은 가입자 2000만 명에게 발생할 피해를 감당하기 쉽지 않다. 공화당 자체적으로 대체 법안을 내거나 민주당과 함께 수정안을 낼 수밖에 없다.

건강보험 관련 법은 미국 법 중에서 특히 복잡한 것으로 악명이 높다. 상원에서 100번, 하원에서 80번 공청회가 열린 끝에 오바마 케어가 의회를 통과하는 데 14개월이 걸렸다. 오바마 케어 폐지든 수정이든 최소한 1~2년이 필요하다는 것이 중론이다.

트럼프가 취임 전 오바마 전 대통령을 만나서 "오바마 케어에 좋은 점도 있다"며 한 발 물러선 것 역시 이런 상황 판단에 따른 것이다. 민주당에서 이런 움직임을 간파하고, 2017년 초 공화당에 오바마 케어 폐지 대신 개정안을 낼 것을 제안하기도 했다.

물론 트럼프는 오바마 케어에 대한 공개적인 비판을 쉬지 않고 있다. 이는 당장 실행을 의미하기보다 정치적인 제스처로 봐야 할 것이다.

미국의 정치 전문 매체 〈더힐〉은 트럼프 정부 1호 경제정책은 개인소득세 개편이 될 것으로 보았다. 공화당과 트럼프가 같은 목소리를 내기 때문이다. 비슷한 공화당 안이 하원을 통과한 상태라 빠른 실행도 가능하다. 조지 W. 부시 행정부 때도 공화당이 주도한 의회는 취임 5개월 만에 소득세 인하안을 통과시킨 예가 있다.

개인소득세 인하와 함께 쉽게 추진할 수 있는 것이 금융 규제 완화, 즉 도드-프랭크법 폐지다. 앞서 말한 대로 피해자(?) 숫자가 적어 정치적 위험이 적은데다, 금융선택법 2.0 등 대안이 준비되었다. 취임 후 6개월 내 실행될 가능성이 높다.

다음 수순은 기업 법인세 인하다. 현재 법인세를 35%에서 15%로 낮추고, 특히 미국 기업이 해외에 보유한 현금을 미국으로 송금할 경우 법인세를 일시적으로 인하하는 방안을 검토 중이다. 트럼프는 당선 직후 애플 CEO 팀 쿡에게 법인세 인하를 공개적으로 제안하기도 했다. 애플이 해외에 보유한 현금을 송금할 경우 법인세를 15%까지 깎아준다는 것이다. 다른 다국적기업에도 비슷한 제안을 할 것이다.

개인소득세와 기업 법인세 인하를 따로 추진하는 이유는 기업 법인세와 인프라 투자를 연계하려는 아이디어 때문이다. 트럼프는 계획대로 기업이 해외에 보유한 현금을 송금할 경우, 이중 일부를 인프라 투자 자금으로 사용하는 방안을 고민 중이다. 주 정부가 발행한 인프라 채권을 기업이 사는 방식으로 인프라 투자 자금을 조달하는 것이다. 주 정부가 발행한 채권은 정부 부채로 집계되지 않아, 재정 적자 수치상 부담이 적다. 오바마 정부도 비슷한 형태로 '재건채권Build America Bond'을 발행했다.

트럼프노믹스의 초점은 미국 국내

트럼프의 경제정책은 개인소득세 인하와 금융 규제 개혁이 1순위, 기업 법인세 인하가 2순위, 이민 정책과 오바마 케어가 3순위다. 트럼프는 일단 감세와 금융 규제 개혁을 통해 수요 위주의 성장을 추진, 2018년 중간선거에서 이기겠다는 계획이다. 오바마 케어와 이민 장벽은 그다음에 생각할 수 있다.

그렇다면 보호무역은? 보호무역을 포함한 대외 정책은 위의 모든 정책보다 우선순위에서 밀린다. 감세, 규제 완화, 인프라 투자, 오바마 케어, 이민 장벽 등 모든 문제를 해결하기까지 트럼프노믹스의 초점은 미국을 벗어나기 힘들다.

2016년 미국 대선은 정책 어젠다 측면에서 국내 정치 이슈의 비중이 가장 높았다고 한다. 트럼프의 관심은 온통 국내문제에 있다. 3차에 걸친 대선 TV 토론에서 80%가 넘는 시간이 국내문제에 집중되었고, 당선 후 행보도 국내 정책 위주다.

게다가 행정부 다수가 중동이나 러시아 전문가다. 뒤로 밀린 해외 문제의 지역별 우선순위에서도 아시아는 1순위가 아니다. 이런 상황에서 한미 FTA, 북핵 문제 등 트럼프의 한국 관련 언급은 중국 무역이나 해외 파병처럼 더 큰 주제를 공격하다가 나온 예시일 뿐이다. 한국을 잘 알고 하는 이야기가 아니다. 미국 현지 전문가들은 "TV나 신문에서 본 내용을 말하는 수준"이라고 폄하했다.

한국 뉴스에서 트럼프의 한국 관련 언급 위주로 보도하다 보니, 트럼프가 당장 한국과 관련해 무슨 일을 저지를 것 같은 불안감이 생긴 듯하다. 그러나 트럼프는 한국을 잘 알지 못하고, 별 관심이 없다. 아니 아시아에 관심이 없고, 오직 미국 일에 관심을 쏟는 것일 수도 있다.

그럴 가능성은 거의 없지만 만에 하나 가정을 한다면, 트럼프가 한국을 특정하여 싸움을 거는 날은 최소한 취임 2년 뒤가 될 것이다. 감세, 규제 완화, 인프라 투자, 오바마 케어, 이민 장벽 등 국내문제를 처리하고 중동과 러시아까지 안정이 된 다음, 여력이 있으면 그런 일이 벌어질지도 모르겠다.

'아시아로 중심 이동'을 추진한 오바마와 다른 점이다. 앞서 말한 대로 중국이 트럼프를 좋아하는 이유 중 하나가 아시아에 신경을 덜 쓰기 때문이다. 중국과 무역마찰도 주고받는 말이 거칠 뿐, 실현 가능성이 낮은 것투성이다.

다만 오바마 케어와 마찬가지로 공약 이행 메시지를 전달하기 위해 TPP 탈퇴나 NAFTA 재협상 발표 같은 카드를 쓰고 있다. 실제 변화보다 상징적 효과가 큰 TPP 탈퇴로 지지층을 달래려는 의도다. TPP 탈퇴마저 미국과 일본이 주도하는 무역 질서를 못마땅하게 여기는 중국이 반기는 조치지만.

트럼프 시대가 기회라고 말하는 이유가 여기에 있다. 보통 정권 교체기에도 정책 방향이 정리되는 데 6개월에서 1년이 걸린다. 전문가 도움 없이 사실상 혼자 선거를 준비해 당선된 트럼프는 더 오랜 시간이 필요할 것이다. 좋은 전략으로 이 공백기를 파고들면 의외로 유리한 결과를 얻을 수 있다.

손정의 회장과 마윈 회장의 트럼프 이용하기

트럼프의 불확실성은 위기가 아니라 도전이자 기회다. 트럼프가 한국 상황에 대한 이해가 부족한 것은 도전이지만, 그의 실용적인 스타일은 기회다. 기회를 잘 활용해야 한다. 예측 불가능한 사업가, 트럼프를 이용하기 위해서 좋은 전략은 필수다.

트럼프를 잘 이용한 사람은 소프트뱅크의 손정의 회장과 알리바바의 마윈马云 회장이다. 손 회장은 트럼프 당선 한 달 뒤인 2016년 12월 트럼프를 만나 "소프트뱅크가 앞으로 4년간 미국에 500억 달러(60조 원)를 투자해 일자리 5만 개를 창출하겠다"고 약속했다. 당시 트럼프는 미국 기업들의 멕시코 공장 계획을 일일이 공격하며 미국 내 일자리 창출을 압박하고 있었다. 제 발로 찾아와 투자와 고용 약속을 한 손 회장이 무척 고마웠을 것이다.

물론 손 회장도 바라는 것이 있다. 소프트뱅크가 인수한 미국 통신사 스프린트와 T모바일의 합병이다. 오바마 정부의 규제로 막혔던 합병이 트럼프 정부에서는 가능할 것이라는 기대다. 〈월스트리트저널〉은 손 회장이 트럼프와 만난 자리에서 "T모바일을 합병해 더 많은 일자리를 창출하려고 했지만, 규제 장벽에 막혀 무산됐다는 얘기를 했다"고 보도했다. 합병 승인을 요구한 것이다.

트럼프의 반응은 어땠을까? "마사(손 회장)는 정말 멋진 친구다. 그에게 감사한다"고 말했으며, 통신사 합병 가능성에 대해서는 "배제하지 않겠다"고 했다.

손 회장은 트럼프 스타일을 잘 이해한 것 같다. 예측 불가능한 트럼프에게 선공을 펼쳐 통 큰 제안을 한 점이 돋보인다. 트럼프는 손 회장을 '링 위의 플레이어'로 인정했고, 거래가 시작되었다. 두 사람 모두 흔한 말로 '뻥이 센' 사업가 스타일이라 코드가 잘 맞는 모양이다. 혹시 거래가 틀어지거나 한 사람이 말을 바꿔도 아무 일 없었다는 듯 협상 테이블에 다시 앉을 것이다.

손 회장의 투자 약속 이후 알리바바의 마윈 회장, 미국의 GM, 한국의 현대·기아자동차와 삼성전자, LG전자까지 전 세계 기업들의 미국 투자 계획 발표가 이어졌다. 트럼프의 '일자리 창출' 강공 드라이브는 취임 전부터 효과를 발휘하기 시작했다.

백지상태의 트럼프는 위기이자 기회다. 위기를 걱정하는 목소리는 차고 넘쳤다. 기회를 보려는 적극적이고 긍정적인 관점도 필요하다. 전략은? 손 회장처럼 예측 불가능하고 스케일이 크면 효과적일 것이다. 그게 트럼프 스타일이다. '눈에는 눈, 이에는 이'다.

6

당선 후 취임까지 : 예측 불가능도 반복되면 '예측 가능'

2016년 11월 당선 후 2017년 1월 20일 취임하기까지 두 달간 트럼프는 바쁜 행보를 이어갔다. 트럼프가 가장 중점을 둔 것은 일자리 창출이다. 멕시코 공장 설립 철회를 위해 자국 기업인 포드와 GM은 물론, 외국 자동차 회사(도요타)까지 압박해 굴복시켰다.

트럼프를 제 발로 찾아가 투자를 약속한 소프트뱅크를 따라 선공 전략을 택한 기업도 있다. 루이비통으로 잘 알려진 프랑스 명품 기업 LVMH는 미국 내 생산 확대를 약속했다.

이중 가장 주목받은 사람은 중국 최대 전자상거래 업체 알리바바의 마윈 회장이다. 그는 2017년 1월 초 트럼프를 만나 "미국에서 5년간 일자리 100만 개"를 약속했다. 연이은 중국 때리기에 나선 트럼프에게 중국의 대표 기업이 투자 의사를 명확히 한 것이다. 한국의 삼성과 LG, 현대·기아자동차도 미국 투자 계획을 발표하며 트럼프의 일자리 창출에 동참하겠다는 뜻을 밝혔다.

미국에서 장사하고 싶으면 미국에 투자하고 미국인을 고용하라는 트럼프의 메시지는 확고하다. 본인이 약속한 제조업 부흥과 고용 창출을 착실히 추진하겠다는 의지의 표시다. 경제학자들은 보호무역이 장기적으로 성장을 해칠 것이라고 경고하지만, 말 그대로 '장기적인 성장'에 대한 우려다. 보통 사람들이 관심을 두는 것은 내일의 주식시장이다.

불법 이민자는 추방, 투자 이민은 환영

이민 정책에서도 약속한 대로 미국 국익을 위한 '가려서 받기'가 구체화되고 있다. 외국 전문직을 위한 취업 비자(H1-B)의 최소 연봉 기준을 10만 달러(1억 2000만 원)까지 높인 것이 한 예다. 종전 최소 연봉은 6만 달러(7200만 원)였다. 트럼프는 취업 비자에 대해 회의적이다. 미국인이 대체할 수 없는 고숙련 노동자에게만 취업 비자를 발급하겠다는 취지다.

트럼프가 불법 이민자를 몰아내겠다고 하지만, 투자 이민은 환영한다. 투자 이민(EB-5)은 최소 50만 달러(6억 원)를 투자하고 10개 이상 일자리를 만든 외국인에게 영주권을 부여하는 제도다. 2016년 12월 만료 예정이었지만 상원 승인으로 연장되었다.

투자 이민자는 85%가 중국인이다. 중국과 갈등이 여러모로 불가피하지만, 중국의 투자는 반기는 것이다. 트럼프의 사위이자 트럼프 정부의 백악관 선임 자레드 쿠시너Jared Kushner 역시 중국계 거대 자본인 안방보험그룹과 제휴를 추진하면서 투자 이민을 통한 중국 자금을 활용했다고 알려졌다.

1조 달러 인프라 투자의 재원을 마련하기 위해 투자 이민은 더 활성화할 것이라는 예상이다. 투자 이민은 불법 이민자 추방 공약과 상충되지 않으면서 고용 창출 효과가 있어 트럼프 경제철학과 잘 맞는다. 벌써 뉴욕의 대규모 공공사업이 투자 이민을 통해 일부 자본을 조달하는 상황이다.

트럼프가 공약을 이행하기 위해 열심히 일하지만, 사람들이 보는 눈은 곱지 않다. 특히 '트위터 정치'에 비판하는 목소리가 높다. 트럼프는 선거 유세 시절부터 트위터를 애용했다. 자신을 무시하고 왜곡한 주류 언론을 불신하던 트럼프는 유권자와 직접 소통할 수 있는 수단으로 트위터를 선택했다. 140자로 짧고 강한 메시지를 전달할 수 있다는 점이 트럼프의 단순 명료한 소통 방식과 잘 맞았다.

트럼프는 당선 뒤에도 정치, 경제 등 민감하고 중대한 사안에 대해서 트위터를 통해 직설적인 화법을 구사했다. 멕시코 공장 건설 계획을 취소하라고 기업을 압박한 것도 트위터를 통해서고, 북한의 대륙간탄도미사일ICBM 마무리 단계 주장에 "그런 일은 없을걸It won't happen!"이라는 반응을 트위터에 올렸다.

트럼프의 몇 단어 때문에 전 세계 정부와 기업이 요동쳤다. 새로운 미국 대통령의 의사소통 방식에 적응해야 했기 때문이다. 오바마도 가끔 트위터를 사용했지만, 개인적인 일상과 감성을 전달하는 수단 정도였다. 중대 사안을 하루에 몇 번씩 트위터로 발표하는 트럼프와 달랐다.

반복된 패턴, 이제 예측 불가능 아니다

트럼프는 이전 대통령들과 확실히 다른 스타일이지만, 일관성이 있다. 트럼프의 당선·취임 후 행보는 선거 유세 때와 달라진 것이 없다. 그의 반복된 행동과 전략 패턴은 다음과 같다.

첫째, 이념이나 명분보다 경제적 실리를 추구한다. 중국과 안보·무역 이슈로 대립하지만, 중국인의 투자를 받는 데 거리낌이 없다. 돈에는 국적이 없다. 미국에 투자하면 좋은 사람, 투자하지 않으면 나쁜 사람이다. 경제적 가치로 상대를 판단한다.

둘째, 일대일 협상을 선호한다. 트럼프는 일자리를 창출하기 위해 트위터로 기업을 하나하나 압박해서 협상 테이블로 끌어냈다. 다자간 협상보다 즉각적인 결과를 이끌어낼 수 있는 일대일 거래를 좋아한다. NAFTA를 일대일 협상으로 대체한다는 것도 한 예다.

셋째, 모든 전투에서 이겨야 한다. 트럼프는 자신이 싸움꾼이자 카운터 펀처임을 자랑스러워한다. 이전 대통령들이 국제 관계에서 때로는 양보하며 큰 그림에서 이기는 (전쟁에서) 승리를 추구했다면, 트럼프는 순간순간 모든 전투에서 이기고 싶어 한다. 주류 정치인에게 트럼프가 유치하고 위험해 보이는 까닭이다.

넷째, 인선은 내 맘대로. 친親러시아 인사, 족벌 경영, 백인 남성 위주 등 트럼프의 행정부 인선은 많은 논란을 몰고 왔다. 트럼프의 '내 맘대로 인선'은 능력에 대한 본인의 판단을 전적으로 따른 결정으로 보인다.

2017년 1월 미국의 정치 전문 일간지 〈폴리티코〉는 트럼프의 정치적 리더십이 대기업 운영과 비슷할 가능성이 높다고 분석했다. 트럼프는 참모들에게 많은 권한을 주고, 성과에 대한 책임을 확실히 물을 것으로 예상된다. 본인은 대중적 관심을 끄는 사안에 집중하고, 세부적인 내용은 딸과 사위에게 일임하리라는 것이다.

트럼프가 예측 불가능하다는 말은 귀에 못이 박히도록 들린다. 그러나 트럼프의 행보는 당선 전이나 후나 달라진 것이 없다. 여전히 트위터를 좋아하고, 가장 믿는 사람은 가족, 좋아하는 것은 '투자'와 '일자리'다. 협상 스타일은 크고 작은 싸움에서 모두 이겨야 직성이 풀리는 '파이터'다. 오늘 양보하고 내일 이기는 것은 트럼프 스타일이 아니다. 짧은 메시지를 던져 상대를 교란하며 의도를 떠보는 종전의 소통 방식을 트위터에서 그대로 구사한다.

이런 트럼프를 빨리 이해하고, 능동적으로 대처해야 한다. 그래야 트럼프를 이용할 가능성도 높아질 것이다.

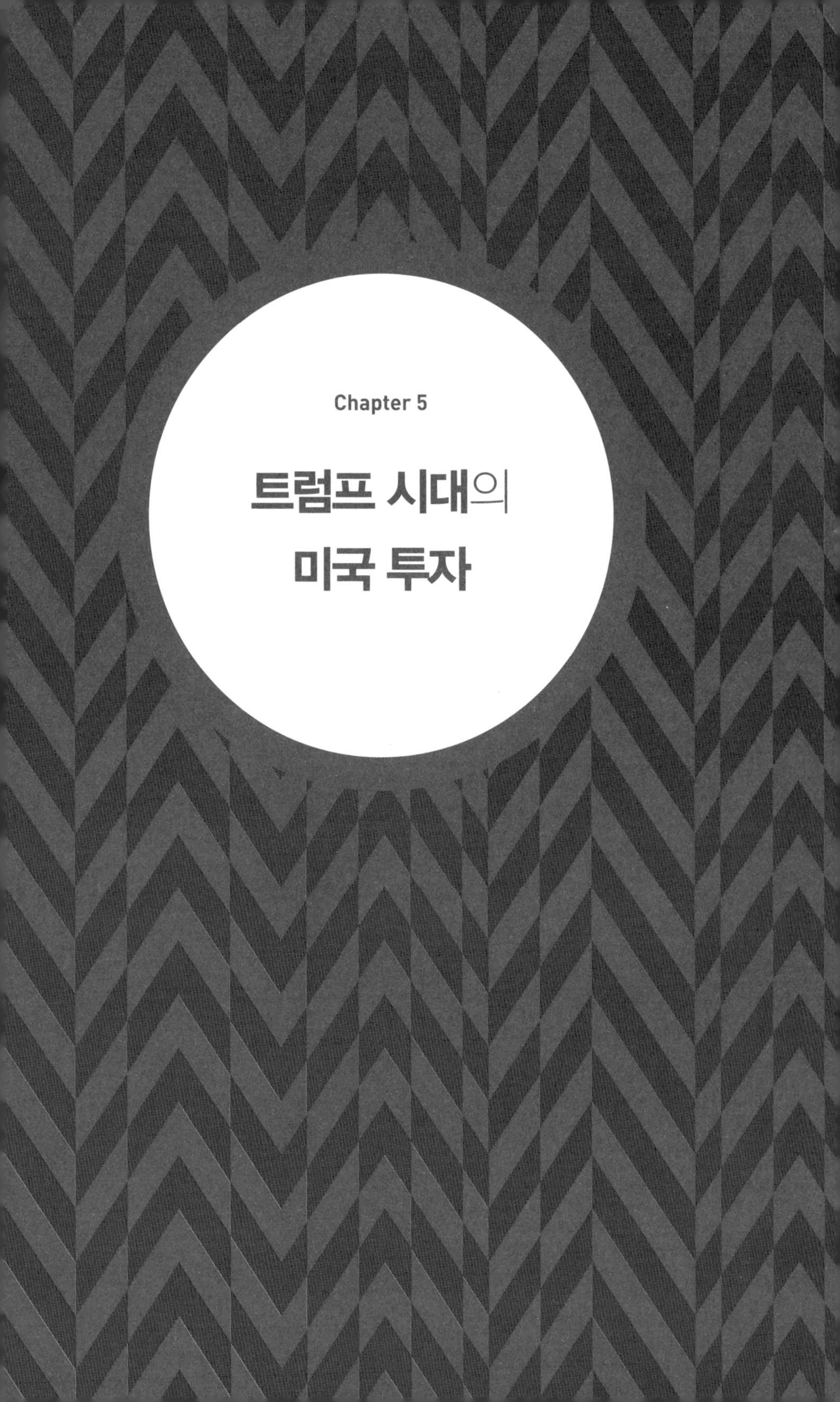

Chapter 5

트럼프 시대의 미국 투자

★ ★ ★

아무것도 안 하기에는 기회가 아깝다.
한국에서는 위기설이 들리지만 해외 분위기는 다르다.
금리 인상, 달러 강세, 거기에 4차 산업혁명 같은 미래 산업까지
한국 밖에서 뭔가 바쁘게 돌아가는 소리가 멈추지 않는다.

1

미국 투자의 5가지 키워드 : 공격, No 환헤지, 10%, 인덱스, 역발상

트럼프 시대는 기회다. 트럼프 시대의 미국은 강할 것이다. 무조건적인 트럼프 예찬론이나 낙관론이 아니다. 트럼프에 대한 불안감이 지나치다는 점을 지적하고자 한다.

트럼프의 막말, 급진적 공약에 지나치게 신경 쓸 필요도 없다. 당선 전에는 선거 전략, 당선 후에는 정치적 제스처 성격이 강하다. 미국 경제는 누가 대통령이 되든 상관없이 튼튼하다. 적어도 향후 2년은 그렇다. 미국 현지에서 트럼프를 아주 싫어하는 시장 전문가들도 '2년간 성장' 시나리오에는 대체로 동의한다. 보호무역과 재정 적자의 부작용은 2020년 이후의 시나리오라고 말한다.

이 사실을 받아들이고 이용해야 한다. 국가도, 개인도 마찬가지다. 누구나 트럼프를 이용할 수 있다. 개인이 트럼프를 이용하는 가장 쉬운 방법은 '투자'다. 트럼프는 전 세계를 상대로 거래하고 있다. 트럼프를 상대로 내가 할 수 있는 거래, 바로 '미국 투자'다.

트럼프 시대 미국 투자, 어떤 전략이 필요한가? 5가지 키워드로 요약해보았다.

Keyword 1

공격 : 위기가 아니라 기회다

"국가 경제를 뒤흔들 먹구름, 트럼프"

"위기의 한국 경제, 트럼프 시대 비상구는 어디에"

"혼란의 시기를 극복할 트럼프 시대 투자"

한국에서 '트럼프 투자'를 바라보는 관점은 대부분 불안하고 소극적이다. 위기가 닥치고 있으니 조심해야 한다거나, 흐름을 살피며 보수적으로 접근해야 한다는 내용이다. 신중한 투자 자체는 옳다. 그러나 같은 상황도 보는 관점에 따라 전혀 다른 결과를 낳을 수 있다. 현재 상황을 '위기'로 보느냐, '기회'로 보느냐에 따라 투자를 대하는 눈이 달라진다.

트럼프는 재앙이 아니다. 좋게 보면 괜찮은 경기 부양책을 들고 나온 새 대통령이고, 보수적인 시각에서 봐도 미국 경제에 해를 끼칠 사람은 아니다. 따라서 트럼프 시대의 투자라고 지나치게 방어적으로 생각할 필요는 없다.

무엇보다 경제는 펀더멘털이다. 트럼프는 하나의 정치적 변수인데, 시장은 단순히 정치로 움직이지 않는다. 펀더멘털이 좋은 미국에 투자하면서 '비상구 찾기' '혼란 극복'만 반복할 필요가 있는가.

특히 한국 투자자들이 보는 '미국 투자'는 좀 더 공격적이어도 괜찮다.

첫째, 대다수 한국 투자자에게 미국 투자는 작은 부분이기 때문이다. 한국 투자자의 포트폴리오는 부동산이 70% 이상이다. 나머지 30% 금융자산 중 절반은 예금이다. 보통 한국 투자자에게 해외 투자는 2차 투자다. 자산은 대부분 한국의 부동산이나 예금에 두고 여유 자금으로 해외 투자를 한다. 해외 투자 비중은 보통 20%를 넘지 않는다. 높은 수익률을 위해 해외 투자를 선택했다면 투자 전략은 조금 공격적이어도 괜찮다고 본다.

둘째, 미국 투자 자체의 보험 성격 때문이다. 미국 투자는 달러화로 한다. 그래서 기본적으로 포트폴리오 전체 수익 측면에서 보험의 기능이 있다. 한국 특유의 개방형 경제 구조에서 비롯된 주가지수와 원/달러 환율의 마이너스 상관관계 때문이다.

코스피지수가 오를 때, 즉 한국 경제가 좋을 때 보통 원화가 오르고 코스피지수가 내려가면 반대로 달러화가 오른다. 금융위기가 오면 주가가 폭락하고 외국인 자금이 빠져나가면서 환율이 급등하는 원리다. 따라서 달러를 일부 보유하는 것으로도 글로벌 위기에 대한 충격 완화 효과를 누릴 수 있다.

그렇다면 굳이 미국 투자 상품 자체를 지나치게 보수적으로 가져갈 필요가 없다. 조금 진취적인 자세와 공격적인 시각으로 접근해도 무방하다. '안전자산'으로서 달러화가 기본적인 보험 기능을 해주기 때문이다.

모두 '안정적인 고수익'을 원한다. 하지만 투자 세계에 공짜 점심은 없다. '안정'과 '수익' 중 하나를 선택해야 한다. 미국 투자에는 '안정'보다 '고수익'에 무게를 두는 것이 맞다.

미국 주식과 달러 가치

지난 10년간 미국 주식(S&P500지수)과 달러 가치 추이가 흥미롭다. 서브프라임 모기지 위기가 발생한 2008~2009년 주가가 폭락하면서 안전자산 선호 현상으로 달러 가치가 상승했다. 2011년까지 안전자산 선호가 약해지며 달러 가치는 하락하지만, 2012년 이후에는 주가와 달러가 모두 상승한다. 결과적으로 달러화는 시장 급락 시 손실을 줄여주는 보험의 기능을 했으며, 상승 시 추가 수익원이 되어 '두 마리 토끼를 잡는' 투자가 되었다.

Keyword 2

No 환헤지 : 미국 투자는 강달러와 미국 경제에 대한 베팅

미국 투자는 최근 2~3년간 크게 늘었다. 미국 금리 인상 전망과 달러 강세로 달러화 예금, 채권, 펀드, ETF 등 여러 가지 상품이 출시되었다.

미국 투자 상품은 환헤지형과 환노출형으로 구분된다. 환노출형은 말 그대로 최종 수익률이 환율 변동의 영향을 받는 상품이고, 환헤지형은 그 반대다. 운용사는 환노출형 포트폴리오에 추가적인 환헤지 거래를 통해 환율의 영향을 상쇄한다.

원칙적으로 트럼프 시대의 미국 투자에는 환노출형이 낫다.

첫째, 달러 강세 전망 때문이다. 앞서 말한 대로 트럼프와 중국 정부는 약달러를 위해 암묵적으로 노력하지만, 자금 흐름은 장기적인 달러 강세를 가리키고 있다. 중국에서 달러 자금 유출은 계속될 것이다. 위안화가 절하되면 원화 약세도 불가피하다. 2016년 11월 대선 후 두 달간 펀드 수익률에서 환노출형이 환헤지형을 10%가량 앞섰다.

둘째, 환헤지 비용 때문이다. 환헤지형 펀드는 환율 변동성을 줄이기 위해 다양한 파생상품을 활용해서 환헤지 거래를 한다. 선물환, 옵션 등 환헤지용 파생상품의 거래 비용은 높은 편이다. 필자의 경험을 바탕으로 말하면 펀드 운용·판매 수수료와 비교해서 환헤지 비용이 훨씬 많은 경우가 허다하다. 다만 환헤지 비용은 정확한 집계가 어렵고 공개되지도 않는다. 환헤지 비용이 더욱 불편한 이유다.

환노출형을 선택한 투자자는 환율 하락이 걱정될 수 있다. 환노출형은 달러화 가치가 하락하면 손해를 본다. 그러나 원칙으로 돌아가서 생각하면, 미국 투자는 기본적으로 미국 경제와 달러화에 대한 낙관적인 전망을 바탕으로 해야 한다. 한국 경제 전망이 미국보다 좋아서 원화가 달러화보다 나은 투자라고 생각하면 한국에 직접 투자하는 것이 낫다.

미국 투자 시 어정쩡한 환헤지형으로 추가 비용을 내느니 과감하게 환노출형을 선택할 것을 추천한다. 환노출형에 투자했는데 전망이 바뀌어 원화 투자가 나을 것 같다면? 환매하고 원화 투자로 갈아타면 된다.

Keyword 3

10% : 합리적인 목표 수익률은 연간 10%

투자는 목표가 확실해야 한다. 특히 투자 기간과 목표 수익률이 중요하다. 기대수익률이 얼마인지, 장기 투자인지 단기 투자인지에 따라 상품 선택과 투자 만족도가 달라진다. 트럼프 시대의 미국 투자에 가장 적합한 투자 기간은 대략적으로 2년, 목표 수익률은 연 10% 수준으로 본다.

왜 2년인가?

전문가들이 예상하는 트럼프노믹스의 경기 부양 효과 유효기간이 2~3년이다. 이후 방향은 보호무역과 재정 적자의 부작용에 노출될 가능성이 있다.

왜 10%인가?

2016년 금융투자협회 조사에 따르면, 한국 소비자들의 주식·펀드 투자 시 기대수익률은 7~8% 수준이다. 해외 투자에 따르는 비용과 노력을 고려할 때 투자자들은 연 10% 이상을 기대한다.

다만 2017년 1월 기준 미국 10년 만기 채권 금리가 2.5%임을 고려하면 10% 수익 목표를 달성하기 위해서는 '플러스알파'가 필요하다. 기업 실적과 주가 상승, 환율 상승이 플러스알파의 예다.

기대수익률 10%를 위한 '플러스알파'

경제성장률(~무위험 수익) :	2.5%
배당 수익 :	2% (무위험 수익 대비)
환율 상승 :	3%
밸류에이션 상승 :	3%
	합 : 10.5%

시나리오를 머리에 그려보자. 경제성장률이 전망치와 일치하고 급격한 금리 인상이 없을 경우, 실적 개선과 밸류에이션 상승, 달러 강세가 더해지면 연 10% 수익을 달성할 수 있다.

내가 고른 업종 혹은 종목의 실적이 3% 상승할까? 배당 수익은 오를까? 2017년에 환율이 3% 이상 상승할까(예 : 1150원→1185원)?

답이 '예스'라면 연 10% 수익을 기대해도 좋다.

Keyword 4

인덱스 : 개별 종목은 하지 말자

"달걀을 한 바구니에 담지 말라"고 한다. 한 종목에 '몰빵' 하는 것은 위험하다. 특히 지리적으로 멀고 정보를 얻기도 어려운 미국 투자에서 한 종목에 집중 투자하면 위험이 크다. 한국에도 주가연계증권ELS, ETF, 펀드 등 다양한 해외 투자 인덱스 상품이 출시되어 낮은 비용으로 분산투자가 가능하다. 굳이 한 종목에 투자해서 큰 리스크를 감수할 필요가 없다.

분산투자의 이점은 '왜 미국 투자인가?'라는 질문에 대한 답도 된다. 한국에 투자하는 것보다 일부라도 해외에, 특히 미국에 투자하는 것은 위험 분산 차원에서 합리적인 선택이다.

Keyword 5

역발상 : '트럼프 무풍지대'를 보자

돈 버는 투자 전략은 둘 중 하나다. 선도하거나(lead), 거꾸로 생각하거나(counter).

투자에 성공하려면 남보다 빠르거나(선도), 남과 다른 관점(거꾸로 생각)이 필요하다. 트렌드를 수동적으로 따라가서는 큰 수익을 얻기 힘들다. 남들이 오른다고 말하는 종목을 사서 돈 벌었다는 사람을 찾기 힘든 까닭이다. 전문 투자자의 세계에서도 따라 사는 전략, 즉 모멘텀 전략은 제한적으로 사용된다.

한국 투자자 입장에서 미국 투자를 선도하기에, 즉 빠른 타이밍을 무기로 삼기에 미국은 지나치게 멀고 정보도 부족하다. 남들과 다른 관점에서 거꾸로 생각하는 '역발상Be a contrarian'이 필요한 이유다.

'트럼프 랠리'도 역발상의 결과다. 모두 트럼프를 재앙으로 생각했는데, 의외로 괜찮은 경제정책이 뒤늦게 주목을 받았다. 악재가 호재였던 것이다. 이런 역발상 전략은 앞으로도 유효할 것이다.

트럼프 시대 미국 투자, 어떤 역발상 전략이 통할까? 대표적인 역발상 전략은 '트럼프 무풍지대'를 찾는 것이다. 다른 말로 하면 트럼프 시대의 미국 투자는 트럼프와 관계없을수록 좋다.

많은 투자 전문가들이 '트럼프 수혜주'라는 이름으로 다양한 종목을 추천한다. 그러나 트럼프 수혜주는 다른 관점에서 보면 트럼프발 변동성에 취약하다는 뜻이다. 트럼프의 '예측 불가능성'을 그렇게 싫어하면서 트럼프 수혜주에 머무르는 것은 아이러니다.

앞서 말했듯이 '트럼프 랠리'의 근본적인 원인은 강한 미국 경제에 있다. 트럼프 변수는 과대평가된 악재에 불과하다. 그 악재가 호재로 바뀌는 순간, 미국 경제의 진면목이 드러나며 랠리가 시작되었다. 그런 측면에서 '트럼프 랠리'는 사실 트럼프 랠리가 아니다. 미국 현지에서는 "클린턴이 되었어도 비슷했을 것"이라는 시각이 우세하다고 언급했다.

따라서 트럼프 정책의 향방과 관계없는 투자가 좋은 투자다. 내수 중심의 소비주, 기술 선도 IT주가 좋은 예다. 트럼프가 이민이나 통상 정책에서 심술을 부려도 실적에 별로 영향을 받지 않기 때문이다. '트럼프 수혜주' 스포트라이트에서 비켜 있어 저평가된 가격도 매력이다.

트럼프가 많이 언급하는 공약과 관련될수록 전망이 불투명하다. 당장 실행하기 어려우니 여론 무마용으로 강성 발언을 하는 경우가 많기 때문이다. '멕시코와 국경 장벽 설치'와 '오바마 케어 폐지'가 대표적이다. 앞서 말한 대로 장벽 설치는 멕시코는 물론 미국 의회에서도 비용을 대주기 어렵고, 오바마 케어는 대안이 마련되지 않았다. 트럼프도 그것을 알기 때문에 공약 이행을 반복 다짐하며 지지층을 달래고 있다.

상대적으로 실행하기 쉬운 공약은 금융 규제 완화와 감세다. 은행주와 전통 산업주는 트럼프 당선 후 큰 기복 없이 상승해왔다. 향후 금리 인상과 원자재 가격 안정으로 전망도 밝다. 별다른 장애물이 없는 공약이라 언론의 스포트라이트를 덜 받았을 뿐이다.

트럼프 시대 미국 투자, '트럼프 무풍지대'에 관심을 두자.

| 투자 전략 |

스탠퍼드 경영대학원 교수 찰스 리에게 듣다

분산투자는 이 세상 유일한 공짜 점심

'공짜 점심은 없는' 투자 세계에서 유일한 무위험 수익 원천이 분산투자다. 예컨대 삼성전자 한 종목에 투자한 100만 원을 현대자동차 50만 원, 삼성전자 50만 원으로 쪼개기만 해도 수익률이 높아진다는 것이다. 단순히 투자 대상을 분산해서 무위험 수익이 가능하다는 것은 금융학계에 큰 충격을 준 획기적인 발견이었다.

이 공로를 인정받아 분산투자의 개념을 정립한 해리 마코위츠Harry Markowitz는 1990년 노벨 경제학상을 수상했다. 투자자들은 이런 분산투자의 이점을 '이 세상에 유일한 공짜 점심'이라 불렀다.

찰스 리는 2009년 이후 스탠퍼드대학교 경영대학원에서 회계 분야 교수로 재직 중이며, 샌프란시스코 소재 헤지펀드 니푼캐피털의 설립자다. 2008년 이전에는 세계 1위 규모 자산 운용사 블랙록BlackRock의 미주 주식과 리서치 부문 책임자로 근무했고, 1990년부터 미국 코넬대학교에서 강의했다.

| 찰스 리 |

찰스 리 교수는 "분산투자는 특히 글로벌 포트폴리오 구성에 유용하다"며 다음과 같이 설명했다.

"A와 B라는 자산이 있는데, 두 자산 모두 기대수익률이 10%라고 하자. A, B를 반씩 섞은 포트폴리오의 위험과 수익은 A, B 둘이 함께 움직이는 정도, 즉 상관관계에 따라 결정된다. A와 B가 완벽하게 같이 움직인다면(상관관계 = 1) A, B를 반씩 섞은 포트폴리오의 수익률과 위험은 A, B를 따로 투자했을 때와 같다. 그러나 A와 B의 움직임이 완전히 다르다면(상관관계 = 0) A, B를 반씩 섞은 포트폴리오의 위험은 40%나 감소한다. 즉 움직임이 전혀 다른 자산으로 포트폴리오를 구성해야 한다.

따라서 한국 투자자의 입장에서 생각한다면, 효과적인 분산투자는 중국 같은 아시아가 아니라 미국에 투자하는 것이다. 한국 투자자들이 주로 가진 한국 부동산이나 주식과 전혀 다르게 움직이는 자산이어야 하기 때문이다. 또 한 종목보다 여러 종목에 분산할 수 있는 인덱스 투자가 분산투자의 이점을 극대화할 수 있다."

▪ 결론

"한국 투자자들이 미국에 좀 더 많이 투자해야 한다고 생각한다."

본 대담 내용은 학문적이고 중립적인 목적으로 제공되었으며,
특정 시장과 상품에 대한 상업적 목적으로 이용할 수 없습니다.

2

미국 증시와 세계경제 전망

2017년 들어 '트럼프 랠리'가 주춤하는 듯 보였지만, 다우지수는 트럼프 대통령 취임 5일 뒤에 꿈의 2만 포인트를 넘었다. 이로써 다우지수는 트럼프 당선 2개월 만에 1700포인트(11%) 상승하며 지수 출범 120년 만에 처음으로 2만 포인트 선에 진입했다.

앞서 언급한 대로 '트럼프 랠리'는 단순히 트럼프 때문이 아니다. 미국 경제와 기업 실적이 좋은 분위기에서 트럼프의 감세와 규제 완화가 금융주와 전통 산업주 중심의 랠리를 이끌었다. 다우지수 2만 포인트를 넘기 하루 전인 2017년 1월 24일, 트럼프는 키스톤 XL 송유관과 다코타 대형 송유관 건설을 승인함으로써 미국 원유 생산을 늘리겠다는 공약을 이행했다. 그달 중 2016년 4분기 실적을 발표한 S&P500 기업 중 70%가

애널리스트 전망치를 웃도는 순익을 발표했다.

향후 전망은 엇갈린다. 일부 증시 관계자들은 '다우지수 2만 5000포인트'까지 상승을 전망하는 반면, 2만 포인트는 레벨이 심리적인 불안감을 키우는 계기가 될 것으로 보는 시각도 있다.

2017년 미국과 세계 금융시장에 대해 UC버클리 경영대학원 교수이자 헤지펀드 매니저 샘 올레스키와 대담했다. 그의 전망을 요약하면 다음과 같다.

미국 주식 | 2017년 10~15% 추가 상승 전망, 단기간(2~3개월) 10~15% 조정 가능성

미국 금리 | FRB 점진적 금리 인상 전망(두 차례), 주식시장에 부담 주지는 않을 듯

미국 부동산 | 금리 인상에도 수요가 강해 추가 상승 전망, 부동산투자신탁REITs 매수 기회

달러화 | 미국 경기 호조와 금리 인상으로 강달러 기조 유지

트럼프 영향? | 말은 극단적으로 해도 합리적인 정책을 펼치며 중국과도 최악의 상황은 피할 것

| 투자 전략 |

UC버클리 경영대학원 교수 샘 올레스키에게 듣다

미국 투자, 어떤 전략을 세워야 할까?

샘 올레스키 교수는 2004년 이후 UC버클리 경영대학원에서 금융 분야 교수로 재직 중이며, 샌프란시스코 소재 헤지펀드 올레스키캐피털의 설립자다. 주요 연구 분야는 글로벌 자산 배분, 헤지펀드, 옵션 트레이딩, 변동성 분석 등이다.

다우지수가 2017년 초 2만 포인트를 넘었다. 2017년 중 미국 주가 전망은?

다우지수 2만 포인트는 의미 있는 수치이며, 미국 주가는 상승 여력이 있다. 단지 트럼프 때문이 아니라 경제가 좋다. 소비와 투자, 고용지표가 좋고, 기업 실적도 예상보다 좋았다. 펀더멘털이 받쳐주기 때문에 올해(2017년)도 10~15% 추가 상승 여력이 있다고 본다. 단 그동안 많이 오른데다 밸류에이션이 높아 연중 하방 10~15% 조정이 있을 수 있다. 조정 기간은 길어야 2~3개월로 본다.

업종별로는 어떻게 보는가?
금융주와 전통 산업주가 여전히 랠리를 이끌 것으로 생각하는지?

| 샘 올레스키 |

금융과 전통 산업 전망이 특히 밝다는 점에 동의한다. 금융은 규제 완화와 금리 상승의 수혜를 동시에 받을 것이며, 그동안 밸류에이션이 지나치게 낮아진 측면이 있어 매수세가 계속 유입된다. 전통 산업 역시 유가 상승과 규제 완화가 상승을 이끌 것으로 전망한다. 세부 업종별 차이는 있겠지만 전반적으로 나쁘지 않을 것이다.

기술주와 IT 업종은 상대적으로 뒤처질 것으로 보나?

트럼프 정책이 우호적이지 않은 것은 사실이다. 단기적으로 금융과 전통 산업보다 부진할 수 있다.

중소형주 전망은?
대형주 중심의 랠리 끝에 내수 중소형주가 좋을 것으로 보기도 한다.

전체적으로 소비와 투자가 활발하기 때문에 중소형주도 오를 수 있다. 특히 트럼프가 보호무역 조치를 취할 경우, 해외 사업 비중이 적은 내수 중심 기업이 좋을 것이다.

역발상 투자와 시세 추종(모멘텀) 가운데 투자 전략을 추천한다면?

장기적 관점의 역발상 접근을 추천한다. 역발상 투자 전략은 하락한 주식을 매수하고 상승한 주식은 매도한다. 이 전략이 성공하려면 금융시장의 평균 회귀mean reversion가 필요하다. 내려갔던 주가가 오르고 올랐던 주가는 내려가면서 평균으로 회귀한다는 뜻이다.

역발상 전략의 반대는 시세 추종momentum 전략이다. 오르는 주식을 따라 사고, 내려가는 주식을 따라 파는 방식이다. 시세 추종 전략이 성공하려면 평균 회귀 현상이 약해야 한다. 현재 시장 추세에 따라 역발상 전략이 유효한지, 반대인 시세 추종 전략이 유효한지가 결정된다. 역사적으로 보았을 때 평균 회귀 현상이 약 6개월간 지속되다가 시세 추종이 시작된다. 시세의 지속 기간은 18~24개월이다. 다만 최근 주식시장에서 시세의 강도가 약해지고 있다. 장기적으로 역발상 투자가 적합한 이유다.

트럼프가 보호무역 조치를 실행할 것으로 보는지?

나는 정치 전문가는 아니지만, 트럼프가 '사업가'라는 사실에 집중해야 한다고 생각한다. 그가 하는 말은 급진적이지만, 말하는 대로 모두 실행할 것으로 보지는 않는다. 트럼프의 말 중 많은 부분은 정치 전략이거나 과장이라고 생각한다.

트럼프 경제정책이 합리적일 것으로 본다는 뜻인가?

극단적으로 나쁘게 갈 가능성은 별로 없다고 본다. 상식적으로 이해 가능한 선에서 일할 것이다.

트럼프는 특히 중국을 공격한다.
중국과 극단적인 시나리오가 벌어질 가능성은?

속단은 어렵지만 극단적인 가능성은 역시 낮다. 트럼프가 관세를 물릴 경우, 중국은 미국 국채를 매도하거나 중국 내 미국 기업의 활동을 제한하는 등 보복할 것이다. 트럼프는 당장 해결해야 할 국내문제가 많다.

또 트럼프와 중국의 관계는 보기보다 나쁘지 않다. 트럼프나 중국이나 위안화 강세와 달러 약세를 바라는 점도 같다. 중국 투자자들에 따르면, 중국에서 트럼프는 꽤 인기가 있다고 한다. 중국인은 오히려 클린턴과 오바마를 싫어한다는 것이다.

중국에 대해 좀 더 이야기해보자.
중국이 위안화 절상을 원하는 이유는 무엇인가?

기업 외화 부채, 부동산 등 중국 경제에 취약점이 많은데, 위안화 약세는 그 취약점을 폭발시킬 수 있는 방아쇠다. 장기적인 자본시장 개방과 구조 개혁을 추진하기 위해 시장 안정은 필수다. IMF의 SDR 구성 통화 편입 등 국제통화로서 위안화의 위상을 확립하기 위한 측면도 있다.

중국 정부가 위안화 하락을 막을 수 있을 것으로 보나?

중국 정부는 지금도 외화 유출을 막기 위해 자본 통제 등 적극적인 조치를 취한다. 자본시장 개혁과 시장 안정에서 중국 당국의 역량도 나아지고 있다고 본다. 2015년 위안화 급락 이후 시장과 소통에도 많은 진보가 있었다. 앞으로 좋아질 것으로 기대한다.

2017년 들어 자산 배분 전략에 변화가 있다면?

신흥국 비중을 늘렸다. 선진국에 비해 싸고, 올해 신흥국 경제 전망도 좋다. 미국이 주도하는 세계경제 성장과 원자재 가격 안정으로 신흥국 경제 역시 좋을 것이다. 예전에 비해 신흥국의 외채 비중이 낮아지고 외화보유고가 늘어서 유동성 위기 가능성도 낮아졌다.

미국으로 돌아가서, 미국 금리는 점진적 인상으로 예상하는가? 주식시장 영향은?

FRB가 정책 금리를 올해(2017년) 두 차례 인상할 것으로 본다. 점진적 인상 기조에 급격한 변화는 없을 것이다. 경기 호조에 따른 인상이므로 주식시장에도 나쁠 것이 없다.

금리 인상이 주식시장에 호재라는 뜻인가?

현재로서는 그렇다. 금리가 지나치게 오르면 주식시장에 악재가 되는데 지금은 괜찮다. 나는 정책 금리 5% 이하에서는 금리 인상이 주식시장에 나쁘지 않다고 본다. 아직 룸이 많다.

부동산 시장에도 같은 시각을 적용할 수 있나?

그렇다. 금리 인상이 경기 호조 때문이라면 부동산 가격에도 좋다. 금리 인상 경계심으로 최근 리츠REITs 가격이 하락했는데, 진입 기회로 본다. 부동산 수요와 공급이 탄탄하다. 특히 서부가 그렇다.

달러 강세는 지속될까? 미국 수출 기업의 실적 악화가 우려된다.

추가적인 달러 강세가 미국 수출에 부담인 것은 맞다. 그러나 미국 경기가 다른 나라에 비해 상대적으로 좋기 때문에, 금리 인상이 계속된다면 달러화 가치가 상대적으로 강해지는 것이 자연스러운 일이다. 중·장기적으로 달러 강세 기조가 유지될 것이다.

3

높은 기술력이 최고의 방패, FANG!

'트럼프 시대의 미국 투자', 트럼프 정책의 영향에서 자유롭고, 성장 가능성이 높으며, 상대적으로 덜 주목받은 곳. 실리콘밸리로 대표되는 기술·IT 산업이다.

트럼프 대통령 당선 소식이 전해진 2016년 11월 8일, 미국의 헤지펀드 매니저들은 트럼프 수혜주를 찾느라 분주했다. 대표적으로 전통 산업주와 금융주가 주목받았다. 트럼프의 1조 달러 인프라 투자 공약은 산업주와 원자재, 감세와 규제 완화는 전통 산업과 은행업에 호재로 해석되었다. 사람들은 트럼프의 경제정책이 제조업을 포함한 전통 산업에 집중되면서 IT를 비롯한 신산업이 소외될 것이라고 예상했다. 정치적으로도 실리콘밸리 CEO가 대부분 클린턴을 지지하면서 트럼프와 각을 세웠다.

이런 해석을 바탕으로 트럼프 당선 뒤 일주일간 미국 헤지펀드들은 기술주 중심의 나스닥에서 대형주 중심의 S&P500이나 다우로 포트폴리오를 재구성했다. 트럼프 랠리 초기인 2016년 말 S&P500과 다우가 나스닥에 비해 선전한 이유다. 선거일부터 그해 연말까지 나스닥지수는 1.5% 상승하는 데 그쳐 S&P500지수의 5%, 다우지수의 7%에 크게 못 미쳤다. 대표적인 기술주 FANG(페이스북, 아마존, 넷플릭스, 구글)의 주가는 트럼프 당선 직후 7% 이상 급락했다.

분위기는 2017년 들어 빠르게 바뀌었다. 1월 첫째 주 FANG의 주가는 평균 6% 상승했다. 같은 기간 S&P500지수와 다우지수는 1% 올랐다. 앞서 언급한 트럼프와 실리콘밸리 CEO 10여 명의 회동으로 갈등에 대한 우려가 완화된 영향도 있지만, 급락한 기술주에 매수 기회로 접근한 투자자가 많았기 때문이다. 트럼프의 깜짝 당선으로 잠시 스포트라이트에서 비켜 있던 FANG 주가는 해가 바뀌면서 '트럼프 수혜주'의 상승률을 금세 따라잡으며 본궤도로 복귀했다. 2017년 초 애플, 아마존, 페이스북 등 주요 IT 기업의 주가는 사상 최고치를 경신하고 있다.

첨단 기술과 4차 산업혁명은 메가 트렌드

트럼프가 대통령이 되었다고 페이스북이나 아마존의 산업 전망이 나빠진다는 것은 기우다. 첨단 기술의 발전과 4차 산업혁명은 대세로, 누가 대통령이 되든 지속될 수밖에 없다. 이런 흐름에서 기술 경쟁력이 확실한 기업은 정치적 영향에서 자유롭다. 경쟁력이 높은 기술력에서 나오기 때문에 정책 영향을 덜 받는 것이다.

갤럭시노트7 리콜과 최순실 국정 농단 사태에도 연일 최고치를 경신한 삼성전자 주가도 한 예다. 세계적인 경쟁력을 확보한 한국의 디스플레이 산업은 수출의존도가 높아도 트럼프발 보호무역 공포에서 한 발 비켜 있다. LG와 삼성이 전 세계 디스플레이 시장을 절반이나 점유해, 미국 주요 IT 업체의 의존도가 높다. 대체할 수 없는 기술력이 보호무역주의에 대한 최고의 방패다.

FANG의 주가 전망은 여전히 밝다. 2017년 1월 기준 아마존 주가의 1년 상승 폭은 35%에 달한다. 기술혁신과 미국의 소비지출 상승이 결합된 결과다. 2016년 미국의 최대 쇼핑 기간인 추수감사절과 크리스마스 소비는 사상 최대치를 기록했다. 2017년 1월 라스베이거스에서 열린 국제전자제품박람회CES의 주인공은 아마존의 인공지능 비서 알렉사Alexa였다.

페이스북은 어떤가. 2016년 11월 발표된 3분기 실적은 매출과 순익 모두 시장의 예상을 뛰어넘었다. 월간 액티브 유저가 18억 명에 달하고, 이중 66%는 페이스북을 매일 사용한다. SNS를 넘어 미디어의 역할까지 하며 페이스북의 뉴스가 미국 대선에 큰 영향을 미치기도 했다.

페이스북 CEO 마크 저커버그Mark Zuckerberg는 "이용자 수가 포화 상태에 이르렀다"는 지적에 대해 '비디오 퍼스트video first' 전략을 지속적으로 추진하면서 왓츠앱, 인스타그램, 오큘러스, 페이스북 메신저 등을 이용한 수익화monetization를 통해 매출을 늘리겠다고 대응했다. 2016년 왓츠앱 사용자 수는 10억 명이 넘었고, 인스타그램은 5억 명을 돌파했다.

넷플릭스도 진화하고 있다. '월정액 스트리밍 동영상 서비스'에서 콘텐츠 제작으로 영역을 확대한다. 넷플릭스의 콘텐츠 제작 규모(2016년 50억 달러, 약 6조 원)는 미국에서 스포츠 방송 ESPN에 이어 2위다. 2017년 개봉하는 봉준호 감독의 영화 〈옥자〉, 2018년 선보일 웹툰 드라마 〈좋아하면 울리는〉도 넷플릭스가 제작했다. 2017년 넷플릭스의 콘텐츠 투자 규모는 60억 달러(약 7조 2000억 원)에 달할 것으로 예상된다.

더 먼 미래를 보는 회사들은 우주까지 눈을 돌린다. 영화 〈아이언맨〉의 모델로 잘 알려진 테슬라 CEO 일론 머스크Elon Musk는 2002년부터 '스페이스X'라는 민간 기업을 설립해 우주개발 사업에 나섰다. 2022년이면 1인당 탑승료 50만 달러(약 6억 원)로 화성행 우주선을 탈 수 있을 것이라고 장담한다. 아마존 CEO 제프 베조스도 2000년부터 '블루오리진'이라는 기업을 통해 우주 사업을 진행, 상당한 진전을 본 상태다. 이르면 2018년부터 우주 관광이 가능할 것이라 예상하고 있다.

미국 첨단산업의 경연은 끝이 없다. 2017년의 화두는 자동차와 IT의 결합이다. CES 2017에는 자동차 관련 업체들이 역대 최고 규모로 참가해 자율주행차, 커넥티드 카 기술 등을 선보였다. 구글의 알파고 같은 인공지능, 포켓몬고로 화제가 된 증강 현실(가상현실), 사물인터넷IoT 기술은 자동차뿐만 아니라 가전, 로봇, 의료 등 다른 산업과 융합하며 혁신을 거듭하고 있다.

트럼프가 당선이 확정된 다음 날 팀 쿡에게 전화를 하고, 한 달이 안 돼서 실리콘밸리 CEO 10여 명과 회동한 것은 이런 흐름을 누구보다 잘 알기 때문이다. 전통 제조업 부활도 중요하지만, 경기 부양을 위해 미국 경제의 큰 축인 실리콘밸리를 간과할 수 없다. 특히 미국 경제의 장기적인 성장을 가능하게 할 생산성 향상을 위한 기술혁신은 실리콘밸리 없이 불가능하다.

| 투자 전략 |

스탠퍼드 경영대학원 교수 찰스 리에게 듣다

개인투자자가 기술주를 공략하려면

좋은 주식이란 무엇인가?

워런 버핏이 "좋은 회사를 괜찮은 가격에 사는 것이 그저 그런 회사를 싼값에 사는 것보다 낫다"고 말했다. 나는 그저 그런 회사를 싼값에 사는 것보다 '좋은 회사'를 '합리적인 가격'에 사는 방식을 추천한다. 전자는 주식의 질, 후자는 가격이다.

질과 가격은 어떻게 평가하나?

질적 측면은 기업의 수익과 관련된다. 수익이 안정적이고 지속 가능해야 한다. 회계장부상의 자기자본이익률ROE이나 자산수익률ROA로 평가한다. 좋은 회사는 ROE나 ROA가 높다.

가격은 주식의 상대적인 가치다. 장부상에서는 주가순자산비율PBR, 주가수익비율PER, 현금흐름비율PCR로 측정한다. 이 비율이 낮을수록 싼 주식이다.

나는 주식 투자를 할 때 일단 질적 요소를 점검한다. ROE와 ROA가 산업 평균보다 높은 기업을 고른 뒤 PBR과 PER, PCR이 낮은 종목을 매입한다.

기술주 투자에 특히 유의할 점은?

기술주에 대한 평가는 특히 유의해야 한다. 기술주 밸류에이션은 현재보다 미래 가치에 초점을 두기 때문이다. 많은 기업 밸류에이션이 5년, 10년, 15년 뒤 가치 평가에 따라 좌우된다. 현재 적자인 회사, 현금 배당이 없는 회사도 많다.

▪ 결론

개인투자자들이 개별 기술주 종목에 투자하는 것은 추천하지 않는다. ETF 같은 인덱스 상품을 통해 분산투자 하는 것이 바람직하며, 타이밍을 너무 재지 말고 장기 투자로 접근해야 한다.

본 대담 내용은 학문적이고 중립적인 목적으로 제공되었으며,
특정 시장과 상품에 대한 상업적 목적으로 이용할 수 없습니다.

4

미국 금리 "천천히, 예고된 속도로 오른다"

트럼프의 깜짝 당선에 격렬한 반응을 보인 곳 중 하나가 채권시장이다. 미국 10년 만기 국채 금리는 1.8%에서 하루 만에 2%가 넘었으며, 한 달 뒤인 2016년 12월에는 2.6%가 넘었다. 한 달간 0.8% 오른 것이다.

금리 상승 원인은 두 가지다.

첫째, 인플레이션 기대감과 FRB의 금리 인상 전망이다. 금리 인상은 트럼프가 대선에 출마하기 훨씬 전부터 논의되었다. 미국 금리가 본격적으로 오르기 시작한 것은 트럼프 당선 한 달 전인 2016년 10월경이다. FRB 재닛 옐런 의장이 12월 금리 인상을 강력히 시사했기 때문이다. 미국은 경기회복과 함께 실업률이 4% 중반까지 떨어지며 임금이 상승하고, 물가 상승 압력이 강해지고 있었다.

둘째, 트럼프 핵심 공약 중 하나인 1조 달러 인프라 투자다. 앞서 언급한 대로 미국 정부가 고속도로, 공항, 다리, 터널 등 사회간접자본 정비와 신설을 위해 막대한 규모로 국채를 발행할 것이라는 예상이 금리 상승을 이끌었다.

'트럼프 발작' 너무 걱정할 필요 없다

금리 상승세는 2017년 들어 주춤해졌다. 앞의 두 가지 원인을 생각하면 당연한 일이다. 트럼프의 인프라 투자 공약은 정책 우선순위에서 밀릴 수밖에 없다. 의회의 동의와 법안 정비가 필요하기 때문에 전문가들은 트럼프 취임 후 최소 1년 이상 걸릴 것으로 전망한다.

FRB의 금리 인상은 옐런 의장이 밝힌 대로 인프라 투자 공약과 관련 없이 경제지표에 충실한 방향으로 진행될 것이다. FRB의 통화정책 기조는 '점진적 금리 인상'이다. 이런 금리를 두고 '트럼프 발작Trump tantrum'이니 하면서 금리 급등 가능성을 부풀려 걱정할 필요는 없다. 대통령이 트럼프든 클린턴이든 변하지 않는다.

트럼프와 FRB 재닛 옐런 의장이 사이가 좋지 않은 것은 사실이다. 선거 유세 당시 트럼프는 옐런 의장이 정치적인 이유로 저금리를 유지한다며 여러 차례 비판했다. 일각에서는 옐런의 조기 사임 가능성도 이야기했으나 가능성은 낮다. 옐런이 사표를 내지 않는 이상 대통령이 FRB

의장을 마음대로 해임할 수 없다. 옐런 자신도 트럼프 당선 후 "2018년 1월까지 임기를 유지하겠다"는 입장을 밝혔다.

의장을 교체한다고 해서 FRB의 금리정책이 트럼프의 마음에 들 것이라는 보장도 없다. 옐런 의장은 FRB에서도 저금리를 선호하는 대표적인 '비둘기파dovish' 인사다. 오히려 옐런 의장의 후임으로 거론되는 인사 중에 금리 인상에 우호적인 '매파hawkish' 인물이 많다.

또 트럼프의 '옐런 비판'을 새겨들을 필요가 없다. 오바마 전 대통령을 공격하기 위한 소재였을 뿐, 트럼프에게도 낮은 금리가 도움이 된다.

트럼프는 기업 투자 촉진과 일자리 창출을 위해 바쁘게 움직이고 있다. 앞서 언급한 대로 기업에게 일자리를 만들어내라고 압박하려면 약달러, 저금리 등 친기업적 환경으로 보답하며 달래야 한다. 고금리는 달러 강세를 부추겨 미국의 수출 경쟁력을 약화한다.

트럼프는 2017년 1월, "달러화 가치가 지나치게 높아 미국 기업이 중국 기업과 경쟁에서 피해를 본다"며 "이는 우리를 죽이고 있다"고 주장했다. 약달러를 유인하기 위한 사실상의 구두 개입이다. 인프라 투자 재원을 마련하기 위해서도 높은 금리는 부담이다.

공화당이 전통적으로 통화 긴축을 선호한다고 알려졌지만, 역사적으로 보면 반드시 그렇지도 않다. 공화당은 환율 철학 면에서 강달러를 통한 슈퍼파워 과시를 선호하지만, 달러화 가치가 지나치게 높아지면 부담스러운 것은 마찬가지다.

통계적으로도 공화당 출신 대통령이 백악관에 들어간 뒤 금리가 하락한 경우가 많다. 오히려 민주당 출신 대통령은 반대다. 클린턴, 오바마, 케네디 모두 임기 말 금리는 취임 시기보다 높았다. 공화당이 금리 인상 속도를 앞당길 것으로 예상하는 것은 무리다.

트럼프와 공화당은 FRB가 금리를 올리지 않거나, 최대한 천천히 올리기를 바란다. 가급적 금리를 인상하지 않으면 좋겠으나 미국 경제지표는 금리 인상을 지지한다. 유가 상승, 서비스 물가와 임금 등 인플레이션 압력이 가시화하고 있다. 가능성이 낮지만 트럼프가 정말 수입품에 수십 % 관세를 부과한다면, 수입 물가도 높아질 것이다.

점진적 금리 인상 :
트럼프와 옐런은 함께 간다

옐런 의장은 2016년 12월에 금리 인상을 단행하며 트럼프의 재정 정책과 규제 완화를 대놓고 비판했다. 금리 인상에 트럼프 변수가 영향을 미쳤느냐는 질문에 옐런 의장은 '일부 반영' 되었다고 인정했지만, 향후 재정 정책이 금리 전망에 미칠 영향에는 예단하기 어렵다는 입장을 밝혔다. 소신대로 금리 인상 계획을 추진하겠다는 뜻이며, 트럼프에 의해 금리 전망이 바뀌는 일은 없을 것이라는 다짐이다. '점진적 인상'이라는 FRB의 방향을 믿어도 좋다는 말이다.

트럼프와 옐런의 대립은 후보 시절 이야기다. 이제는 대통령과 FRB 의장으로서 협력·견제하며 함께 가야 하는 입장이다. 트럼프는 옐런의 임기를 보장할 수밖에 없고, 옐런도 새 정부와 공조해야 한다. '경제성장'과 '인플레이션 억제'라는 공통의 목표도 있다.

인플레이션 급등으로 금리 인상 속도가 예상보다 빨라지는 시나리오도 가능하다. 그 경우 FRB는 시장에 충분한 '시그널'을 줄 것이다. 금리 결정에 대해 충분히 예고하고 배경을 설명할 것이므로, 시장 충격은 제한적일 것이다.

게다가 FRB는 '깜짝 결정'을 하지 않는다. '시장과 소통'의 중요성을 항상 강조한다. 2016년 12월 금리 인상 결정도 한 달 전부터 100% 시장에 반영되었다. 금리 인상을 고려하던 2016년 상반기에도, 브렉시트 때문에 결정을 미룬 6월에도 FRB는 예고에 충실했다.

'미국 금리 급등 가능성 우려'에 과민 반응할 필요가 없다. '천천히 오를 것'이라고 예상하면서 투자 기회를 모색하면 된다. 앞서 언급한 대로 한국은 2017년에 금리 인상이 힘들 것이다. 미국의 금리 인상과 한국의 금리 동결은 원/달러 환율 상승 재료다.

원/달러 환율과 미국 금리 추이를 살펴보다가 금리가 만족할 만한 수준까지 오르고 환율이 일시적으로 하락했을 때, 달러화 예금이나 환매조건부채권RP 투자를 고려할 만하다. 금리 2%대 달러화 예금에 1160원 이하로 들어가면 괜찮다고 본다.

미국 금리나 인플레이션에 대해 전문적인 지식과 함께 공격적인 관점을 유지하는 투자자라면 물가연동채권TIPS, 인버스 채권 ETF 혹은 미국 하이일드펀드high-yield나 뱅크론펀드 같은 상품도 있다. 달러화 예금과 마찬가지로 금리와 원/달러 환율을 고려해 진입 타이밍을 잡을 것을 추천한다.

| 투자 전략 |

스탠퍼드 경영대학원 교수 찰스 리에게 듣다

"미국 금리 급등 가능성 낮다"

미국 금리 전망은 어떤가?

점진적인 인상 전망이 유효하다. 금리는 사람들이 생각하는 것보다 낮은 수준에 더 오래 머물 것이다. 전 세계적으로 잠재성장률이 낮아지고 있다. 당장 경기는 좋아 보이지만, 역사적 기준으로 볼 때 성장 잠재력이 약해지는 추세다. 미국 경제가 좋아도 FRB는 인상을 마냥 서두를 수 없다. FRB는 금리 인상을 결정할 때 주변국 상황을 고려한다. 중국, 일본, 유럽 등이 당장 금리 인상 계획이 없다.

FRB가 금리를 급하게 올릴 가능성은?

별로 없다. FRB는 '점진적 금리 정상화'를 목표로 한다. 금리 인상 타이밍이 상황에 따라 바뀔 수는 있다. 2016년 브렉시트 사태로 금리 인상 결정이 미뤄진 것이 그 예다. 2015년 중국의 갑작스런 위안화 절하로 금융시장이 패닉에 빠진 이후, 중국 금리도 FRB가 고려하는 대상이 되었다. 중국의 금리 결정은 FRB와 달리 예고가 없기 때문에 시장에 충격을 준다.

트럼프 당선 후 미국 주식은 오르고 채권은 하락했다. 주식과 채권, 앞으로도 반대 방향으로 움직일까?

그럴 것으로 본다. 기본적으로 경제가 '성장'하는 저금리 환경에서는 주가가 오르면 금리 인상 전망이 강화되면서 금리 상승(채권 가격 하락)이 나타난다. 적어도 10년간 저금리가 유지되면서 주식과 채권 가격 움직임이 마이너스 상관관계를 유지할 것이다. 금리가 현재보다 훨씬 높아지면 금융시장의 테마가 '성장'에서 '인플레이션'으로 변한다. 이때는 주식과 채권 가격이 같은 방향으로 움직인다.

한국 투자자들에게 미국 채권 투자를 추천하나?

장기 분산투자 관점에서 추천한다. 금리를 단기적으로 예측하려고 해서는 안 된다. 금리 인상 시기와 속도에 대해 시장 참가자들의 예측은 다양하다. 그러나 예측과 상관없이 주식과 채권, 한국과 미국에 분산투자 하는 것은 항상 이득이다. 목표 금리를 정해놓고 매입해서 오래 보유할 것을 추천한다. 개인적으로 미국 지방채municipal bond 정도의 신용도에 3~4% 금리면 매력적인 것 같다.

본 대담 내용은 학문적이고 중립적인 목적으로 제공되었으며,
특정 시장과 상품에 대한 상업적 목적으로 이용할 수 없습니다.

5

미국 부동산 시장,
금리 인상 두렵지 않다

부동산은 주식, 채권과 함께 3대 핵심 자산core asset에 속한다. 눈에 보이지 않는 주식이나 채권이 줄 수 없는 안정감과 만족감을 주는 매력적인 자산이다. 전 세계 투자자들이 부동산을 보유하는 이유다. 특히 한국인의 부동산 사랑은 유별나다. 요즘 분위기가 바뀌고 있다지만, 한국 투자자들의 부동산 투자 비중(75%)은 여전히 세계 최고 수준이다. 미국은 30%, 영국과 호주는 50~60%, 일본은 40%다(201쪽 표 참조).

예일대학교 기금 펀드의 CIO 데이비드 스웬슨David Swenson 교수는 지난 30년간 예일대학교 기금 펀드의 두 자릿수 수익률을 이끈 투자의 대가이자, 베스트셀러 작가다. 스웬슨 교수는 포트폴리오에 반드시 포함해야 할 핵심 자산으로 주식, 채권, 부동산을 꼽는다.

	한국	미국	일본	영국	호주
비금융자산(%)	75.1	29.3	39.9	50.4	60.4
금융자산(%)	24.9	70.7	60.1	49.6	39.6

기준 시점 : 한국(2012년), 미국(2013년), 일본(2012년), 영국(2012년), 호주(2013년 2분기) / 출처 : 각국 중앙은행

| 주요국 가계 자산 구성 비교 |

스웬슨 교수가 설명하는 부동산의 최대 장점은 주식과 채권의 장점을 모두 갖췄다는 것이다. 채권의 이자 수익처럼 부동산은 임대 수익이 있다. 주가가 오르듯이 부동산 가격도 오른다. 수익률도 주식과 채권의 중간 수준이다. 지난 80년간 미국 부동산 투자수익률은 약 7.9%로, 채권(2.5%)과 주식(10.4%)의 중간이다. 여기에 실물 자산으로서 인플레이션 방어 기능도 있다.

미국 부동산, 불안한 한국 부동산의 대안

트럼프 당선과 함께 미국 금리가 급등하면서 한국 부동산 시장이 긴장하고 있다. FRB가 본격적인 금리 인상에 시동을 걸면서 불안감도 커진다. 시차는 있겠지만 미국이 금리를 올리면 자금 이탈 방지를 위해 한국은행이 금리를 올리고, 결과적으로 부동산 가격도 하락할 수밖에 없지 않겠느냐는 걱정이다.

미국 금리 인상 → 한국 금리 인상 → 대출이자 부담 상승 → 소비 위축 → 부동산·경기 침체 가능성에 대한 우려다. 당장 미국 금리 인상이

한국 금리 인상으로 이어지지는 않을 것으로 본다. 그러나 가계 부채가 1300조 원에 달하는 상황에서 미국의 금리 인상이 부동산 투자 심리를 위축시킬 것은 분명하다.

불안한 한국 부동산의 대안으로 미국 부동산을 고려해볼 만하다. 스웬슨 교수가 말했듯이 부동산은 주식, 채권과 함께 반드시 포함해야 할 자산이다. 투자 방법도 간단하다. 요즘은 소액으로 미국 부동산에 투자할 수 있는 리츠 상품이 다양하게 출시되었다. 리츠는 부동산의 임대 수익과 가격 상승분을 투자자에게 지급하는 부동산투자신탁이다.

미국 부동산의 수익 전망은 밝다. 기본적으로 부동산 시장 수익률은 경제성장률을 따라간다. 미국 경제성장률 전망이 좋은 만큼 부동산 경기 전망도 좋다. 금리 상승이 부동산 하락 원인인 것은 사실이다. 그러나 미국 부동산 시장은 FRB의 금리 인상을 부동산 침체의 징조가 아니라 경기 호조에 대한 확신으로 받아들인다. 한국은행이 FRB를 따라 금리를 올릴지도 불투명한 상황에서 급락 가능성을 걱정하는 한국 부동산과는 심리가 매우 다르다.

물론 금리 인상은 부동산 대출금리가 상승하는 원인이다. FRB는 금리 인상을 시작했고, 2017년 두세 차례 추가 인상을 예고했다. 미국 부동산 대출금리는 벌써 오르고 있다. 미국의 주택 담보대출인 모기지 금리는 2016년 3%대에서 2017년 초 3.5%로 올랐고, 2017년 말에는 4% 후반까지 예상하기도 한다. 그러나 현지 부동산 관계자들은 "현재 경제성장률이나 고용 지표를 감안할 때 부동산 시장이 5% 금리 수준(정책 금리 기준)은 견딜 것으로 본다"고 말한다.

역사적으로도 미국의 금리 인상기에 부동산 가격 상승이 함께 나타났다. 부동산 가격은 금리 인상 사이클 시작 직전에 경계심으로 하락하다가, 막상 금리 인상이 시작되면 회복하는 패턴을 보인다. 금리 인상이 시작되는 시점을 진입 타이밍으로 추천하는 이유다.

미국 부동산 시장 전문가들은 트럼프의 정책도 호재로 인식한다. 규제 완화, 법인세와 소득세 감면 등 대규모 경기 부양책이 부동산 경기에 도움이 될 것으로 보기 때문이다.

2016년은 미국 부동산 시장의 자신감이 강해진 해다. 9년 만에 시작된 FRB의 금리 인상, 브렉시트, 트럼프 당선 등 예상 밖의 이벤트가 줄을 이었지만, 강력한 미국 경제지표의 힘으로 부동산 가격은 상승세를 이어갔다. 2010~2015년의 두 자릿수 상승세에는 못 미치나, 급락 우려를 완화하기엔 충분한 수준이었다. 로스앤젤레스 현지에서 예측하는 2017년 미국 부동산 시장의 성장률은 3~5% 수준이다.

중국 자본 유입이 주춤할 때가 투자 적기

상승 원인은 수요 증가와 함께 외부 자금 유입이다. 시장 변동성 확대가 안전자산으로서 미국 부동산 가치를 부각시켰다는 평가다. 사람들은 금융시장이 불안할수록 실물 자산을 선호하며, 그중에서도 미국 부동산을 가장 안전하게 여긴다.

2016년 한 해 동안 중국 투자자들은 급등한 중국 부동산에서 뺀 자금으로 미국 부동산을 매입했다. 브렉시트로 영국에서 이탈한 부동산 자금도 상당 부분 미국에 유입된 것으로 보인다.

미국 내 부동산 수요 전망도 긍정적이다. 주거용 아파트, 오피스 빌딩, 쇼핑센터, 공장이나 창고 등 종류를 가리지 않고 수요가 늘어나는 추세다. 특히 로스앤젤레스, 샌프란시스코를 중심으로 한 캘리포니아 지역과 새롭게 떠오르는 중서부 지역(시애틀, 포틀랜드, 덴버) 수요가 강하다.

부동산 수요의 중심은 1980년대 초 이후 태어난 밀레니얼이 주도하는 '첫 집 장만' 수요, 베이비 붐 세대(1946~1965년 출생)의 은퇴 거주 수요다. 금리 인상에도 2017년 밀레니얼이 주택 구입자의 33%를 차지할 것으로 전망한다. 청년 세대가 취업과 함께 주택 구매 수요자로 등장해서 집값을 올린다니, 한국에서 듣기 힘든 스토리다.

공급이 수요를 따르지 못함에 따라 대다수 지역에서 공급 부족 현상이 일어난다. 로스앤젤레스에서는 하루가 다르게 대형 쇼핑센터와 오피스 타운 개발 계획이 발표된다. 가격 상승이 대도시 외곽 지역으로 확대되고, 가격 조정은 매수 기회로 해석되는 불 마켓bull market의 에너지가 느껴진다.

미국 부동산에는 해외 자금 유입 규모도 크다. 현지 부동산 관계자들은 "미국 부동산 시장은 이제 로컬 시장이 아니라 글로벌 시장"이라며 "이 같은 경향은 캘리포니아처럼 해외 바이어에게 주거용으로 매력적인 시장일수록 뚜렷하다"고 밝혔다. 과거에 거주민끼리 주택 구입 경쟁을 펼쳤다면, 지금은 재력을 갖춘 글로벌 바이어들이 주택 시장에 뛰어들면서 가격을 올린다는 분석이다.

차이나 머니China Money가 미국 부동산 가격 상승의 원동력이라는 점도 주목할 필요가 있다. 중국의 해외 부동산 투자는 2013년께 본격화했다. 2012년까지 연간 해외 부동산 투자액이 56억 달러(약 6조 7000억 원)에 불과했지만, 시진핑 정부가 출범한 2013년에 158억 달러(약 19조 원)로 껑충 뛰었다.

시진핑 정부는 당시 전문가들이 과도한 외화보유액에 대해 비판을 제기하자, 해외 부동산 투자 활성화를 위한 규제 완화 정책을 펼쳤다. 이런 가운데 2014년부터 중국 위안화 가치가 하락세를 보이자, 불안해진 중국 기관투자자와 자산가들이 너도나도 미국 부동산 매입에 나서기 시작했다.

2016년 들어 상황은 완전히 바뀌었다. 앞서 언급한 대로 위안화 하락과 외화보유액 감소로 중국 정부가 해외 투자 단속에 나섰기 때문이다. 캘리포니아 부동산 시장에서 "중국인 부부가 와서 500만 달러(약 60억 원)짜리 저택을 현금으로 샀다더라"는 이야기가 이제 들리지 않는다.

미국 부동산은 여전히 오른다. 금리를 올려도 좋게 생각하고, 트럼프의 등장도 반긴다. 트럼프가 부동산 재벌 출신이라는 점에 막연한 기대감도 있는 듯하다. 중국 자금 유입이 주춤한 시점을 '매수 타이밍'으로 보고 기회를 노리는 투자자가 많다.

스탠퍼드 경영대학원 교수 찰스 리에게 듣다

투자자들의 착각, "내가 아는 것에 투자하고 싶다?"

실물 자산으로서 부동산의 가치는?

사람들은 분산투자라고 하면 주식과 채권의 조합을 떠올린다. 나는 좀 다른 접근을 추천한다. 실물 자산과 금융자산이다. 실물 자산은 부동산, 주식, 원자재다. 주식이 실물 자산인 것은 한 기업이 가진 유·무형의 자산 가치이기 때문이다. 금융자산은 채권, 예금이다.

경기가 좋을 때는 실물 자산의 가치가 올라간다. 부동산 가격과 주가가 상승한다. 반면 금리가 오르면서 채권이나 예금의 가치는 하락한다. 경기가 나쁠 때는 반대다. 실물 자산의 가치가 하락하고, 금융자산의 가치가 올라간다.

좋은 분산투자 전략은 실물 자산과 금융자산의 조합이다. 꼭 주식과 채권일 필요는 없다. 부동산과 채권, 원자재와 예금 같은 조합도 가능하다.

금리 인상이 시작되는데 부동산 투자는 위험하지 않은가?

역발상이 필요하다. 행동재무학Behavioral Finance에서 다루는 개인투자의 성향 중 '동반herding' 매매가 있다. 다른 사람들이 오른다고 할 때 사고, 내린다고 할 때 파는 것이다. 개인투자자들이 수익을 내기 힘든 이유다. 나스닥지수 장기 평균 수익률이 연 11~12%인데, 개인투자자들의 평균 수익률은 절반에도 미치지 못한다. 동반 매매 성향 때문이다.

동반 매매 성향은 인간의 본성에 비춰보면 매우 자연스러운 것이다. 역발상이 어려운 이유다. 남들이 오른다고 하는데 팔기는 어렵다. 반대도 마찬가지다. 수익을 내려면 거꾸로 생각해야 한다. 신문에 나오는 '우려' '폭락 가능'은 매수 신호로 봐야 한다. 부동산이나 주식도 마찬가지다.

한국 투자자들에게 미국 부동산은 생소할 수 있다.

사람들은 자기가 잘 아는 것에 투자하고 싶어 한다. 이것을 행동재무학에서 '통제의 착각illusion of control'이라고 부른다. 워런 버핏도 언급한 적이 있는 투자 성향이다. 투자자들은 자신이 아는 것을 과대평가하는 경향이 있다. 잘 아는 것에 투자해야 돈을 벌 수 있다고 믿는 것이다.

그러나 아는 것에 투자했다고 수익이 좋은 것이 아니다. 좋은 회사, 좋은 부동산에 투자해야 한다. 투자수익률은 투자자의 상품에 대한 지식의 양에 따라 결정되는 것이 아니다. 한국 부동산을 좀 더 잘 안다고 한국 부동산이 오를 가능성이 높지 않은 것과 같다. 펀더멘털이 좋은 부동산이 오른다. 냉정하게 생각해야 한다.

—

본 대담 내용은 학문적이고 중립적인 목적으로 제공되었으며,
특정 시장과 상품에 대한 상업적 목적으로 이용할 수 없습니다.

6

전 세계 주식시장의 절반, 미국이 기회다

트럼프 시대, 미국 경제의 호조가 예상된다. 그만큼 좋은 투자 기회가 많다. 국내 부동산과 주식시장이 못 미더운 한국 투자자들에게 미국 투자는 좋은 대안이다. 달러화 예금, 페이스북 같은 미국의 기술주, 리츠, 채권까지 선택지는 많다.

전문가들은 미국 투자를 '장기 분산투자' 관점에서 추천한다. "달걀을 한 바구니에 담지 마라" "자산을 나눠서 투자하면 위험 대비 수익이 좋아진다" "분산투자가 필요하다" 등은 이론적으로 100년도 전에 검증된 분산투자 이론이다.

그러나 여전히 많은 사람들은 여윳돈이 생기면 예금통장에 남겨두는 편을 택한다. 투자 정보를 얻는 것, 투자 결정을 하는 것, 투자 후 성과에 책임을 지는 것 모두 쉽지 않은 일이다. 시간과 노력이 필요하고 심리적 고통이 따르기도 한다. 국내 투자도 이런 상황에 해외 투자, 그것도 미국 투자는 더 어렵게 느껴진다.

그렇다고 아무것도 안 하기에는 기회가 아깝다. 2016년만 해도 연초 유가 급락, 브렉시트, 트럼프 당선 등 깜짝 이벤트가 줄을 이었지만 세계 시장은 끄떡없었다. 한국에서는 위기설이 들리지만 해외 분위기는 다르다. 금리 인상, 달러 강세, 원자재 가격 상승, 4차 산업혁명 같은 미래 산업까지 한국 밖에서 뭔가 바쁘게 돌아가는 소리가 멈추지 않는다.

미국 투자의 첫걸음 :
20%로 시작하기

이런 투자자들에게 '20%로 시작하기'를 미국 투자의 첫걸음으로 추천하고 싶다. 집을 제외한 여윳돈 가운데 20%는 달러에 투자해보라는 의미다. 여윳돈이 1000만 원이면 200만 원을, 1억 원이면 2000만 원을 미국 달러로 투자해보자.

상품은 예금, 주식, 부동산, 채권 뭐든 괜찮다. 자금 규모, 기대수익률, 투자 기한에 따라 선택하면 된다. 단기 소액 투자자는 예금이 적합할 것이고, 장기 투자가 가능한 자금이라면 부동산과 주식, 채권 모두 고려해볼 만하다.

20% 달러 투자의 장점은 여러 가지다. 앞 장에서 언급한 장점을 요약·정리하면 다음과 같다.

첫째, 환차익을 누릴 수 있다. 트럼프 시대의 트렌드는 강달러다. 주식이든 예금이든 달러화로 보유하면 환율 상승에 따른 이익을 본다. 환율이 하락해도 큰 손실이 나지 않는다. 환율 하락은 보통 한국 경제가 좋을 때 나타나는 현상이다. 20% 달러 투자의 손실을 80% 원화 투자가 보상해줄 것이다.

둘째, 글로벌 위기 대비 보험용이다. 한국 주식이나 부동산이 폭락하면 보통 달러 가치가 상승한다는 점에 착안, 안전자산으로 달러화를 보유하는 것이다. 트럼프 시대가 여전히 불안하다고 생각해도 달러에 투자할 만한 이유다. 2008년 서브프라임 모기지 위기 때도 그랬다. 미국발 위기였지만 달러화 가치는 올랐다.

셋째, 달러화 보유의 쓰임새다. 한국인의 달러 수요가 점점 늘고 있다. 유학, 여행 등으로 달러가 필요한 경우가 자주 발생한다. 미리 환전한다는 생각으로 달러에 투자했다가 필요할 때 인출하면 1%에 달하는 환전 수수료를 아낄 수 있다.

넷째, 비과세 혜택이다. 투자에 중요한 고려 사항 중 하나가 세금이다. 개인의 해외 투자에서 발생한 환차익은 대부분 비과세 혜택이 적용된다. 상품에 따라 배당소득이나 양도소득에 대해 추가적인 세금 혜택이 적용되는 경우도 있다.

한국 투자자들의 위험한 신흥국 사랑

국가별로 다르지만 선진국 자산가들은 평균적으로 총 자산의 30~40% 이상을 해외에 투자한다. 한국은 이 비율이 5% 미만이다. 해외 투자에 매우 소극적이다. 미국 헤지펀드 매니저들은 "한국이 미국에 유학생이 이렇게 많고, 한류도 세계적으로 알려졌는데 투자는 참 보수적이다"라며 놀라워한다.

한국 투자자들의 해외 투자 성향에서 또 하나 특이한 점은 신흥국을 선호한다는 것이다. 외국 투자자들은 반대다. 해외 투자를 시작할 때 먼저 선진국을 고려한다. 시장 규모, 투명성, 투자비 면에서 선진국이 훨씬 나은 옵션이기 때문이다.

미국 주식시장의 시가총액은 전 세계 주식시장의 50%다. 그러나 한국 투자자들은 '해외 투자'라고 하면 중국, 베트남, 브라질 같은 신흥국부터 떠올린다. 해외 투자를 장기 분산투자 관점에서 바라보지 않기 때문에 나타나는 현상이다. 단기적으로 높은 수익을 얻는 '대박' 투자를 추구하다 보니 선진국 투자는 성에 차지 않는다. 더 많이 벌 수 있고, 더 위험한 곳에 투자한다. 금융회사들은 이런 투자 수요에 맞춰 마케팅을 했고, 주로 신흥국에 투자하는 상품을 내놓았다.

한국에 신흥국 펀드가 출시된 시점은 늘 상승세가 한풀 꺾인 다음이었다. 한 박자 늦은 투자 결정은 백전백패다. 앞서 언급한 2006년 중국 펀드, 2000년대 초 닷컴, 1998년 태국, 1996년 멕시코 등이 한국 신흥국 투자 펀드의 '흑역사'다.

이제는 미국을 봐야 한다. 세계경제를 이끌어온 미국은 지금 새로운 도약을 준비하고 있다. 트럼프 시대를 위기라고 하지만 기회가 더 많다. '트럼프 시대의 미국', 트럼프를 연관시키지 않아도 미국 경제는 펀더멘털이 강하다.

스탠퍼드 경영대학원 교수 찰스 리에게 듣다

문턱은 높아도 해외 투자가 유리하다

개인투자자들은 해외 투자에 소극적이다.

분산투자의 이점에도 해외 투자가 활발한 나라는 드물다. 금융시장의 규모가 크고 역사가 긴 미국이나 일본 시장에서도 투자자들은 기본적으로 국내 투자를 선호한다. 해외 투자의 필요성이 받아들여지고, 투자 상품이 개발되고, 인기를 얻기까지 시간이 오래 걸린다.

이런 국내 투자 선호 현상을 투자 학계에서는 '홈 바이어스'라고 부른다. 한 국가가 금융자산을 투자할 때 국내 비중이 지나치게 높은 데 따른 위험을 의미한다.

'국내 비중이 지나치게 높다'는 기준은?

국내 비중이 지나치게 높다는 것은 그 나라 금융시장 규모에 비해 투자 비중이 높다는 뜻이다. 가장 이상적인 투자 포트폴리오는 금융시장 규모와 투자 비중이 비례하는 것이다.

전 세계 금융시장의 절반을 차지하는 것이 미국 시장이다. 그러면 전 세계 투자자들은 자산의 절반은 미국 시장에 투자해야 맞다. 통계를 보면 한국 투자자들은 자산의 97%를 세계시장의 5% 미만에 불과한 한국 시장에 투자한다.

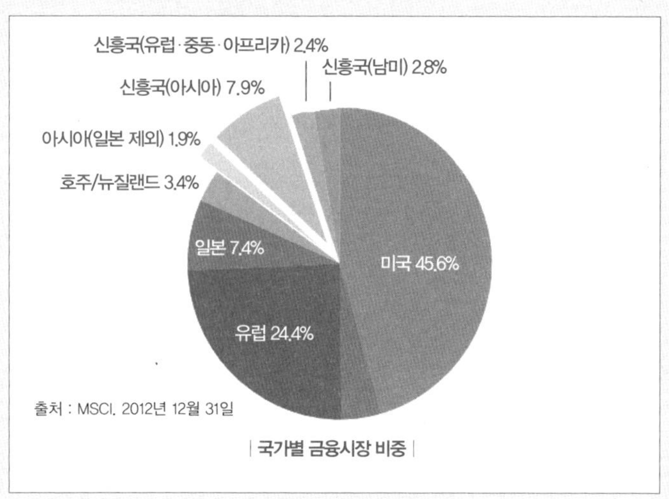

| 국가별 금융시장 비중 |

미국 투자자들은 어떤가? 다른 선진국 투자자들은?

국내 투자 선호는 전 세계적인 현상이다. 미국 투자자들도 이론적으로 절반은 해외에 투자해야 하지만, 전체 주식 투자 중 해외 주식 비중은 약 12%에 불과하다. 영국 주식이 전 세계에서 차지하는 비중은 약 8%지만, 영국 투자자들은 자산의 92%를 자국에 투자한다.

미국 투자자 입장에서는 본국의 주식과 통화가 전 세계적인 '안전자산'인데, 굳이 위험을 찾아 해외로 나갈 이유가 없다. 위험을 감수하더라도 좀 더 높은 수익이 필요한 기관투자자나 고액 자산가들이 지역 분산 차원에서 유럽, 일본 혹은 신흥국 시장에 투자한다.

중국이나 일본 투자자들은?

중국은 해외 투자 환경이 좋지 못한데, 해외 투자에 굉장히 적극적이다. 투자 인프라를 보면 중국 금융시장이 결코 한국 금융시장보다 낫다고 할 수 없다. 역사가 짧고 시스템도 미숙하다. 게다가 중국 정부가 외화 유·출입을 통제해서 자금 회수 위험이 크다. 자국 주식시장 규모가 충분히 커서 투자 기회도 부족하지 않다.

일본은 반대다. 해외 투자 환경은 좋은데, 해외 투자에 소극적이다. 일본 시장의 투자수익률은 1990년대부터 0%에 가까웠고, 일본에는 투자자들의 해외 투자를 막을 만한 장벽이 별로 없다. 자본 규제가 없고, 금융 인프라가 잘되어서 해외 투자가 상대적으로 용이하다. 그러나 일본 투자자들은 유럽이나 미국, 중국 투자자들보다 국내 투자 선호도가 높다.

개인투자자들이 해외 투자에 소극적인 이유는?

가장 쉬운 답은 귀찮기 때문이다. 한국 투자자가 미국의 페이스북 주식을 1주 사려고 할 때를 생각해보자. 일단 달러화 계좌를 개설해야 하고, 원화를 환전해야 한다. 시차 때문에 한밤중에 주식을 사거나 예약 주문을 걸어놓아야 한다. 수수료도 비싸고, 복잡한 세금 문제를 알아보는 데 시간과 노력이 든다.

투자 정보 부족도 해외 투자에 소극적인 이유다.

맞다. 페이스북의 예시로 돌아가서, 페이스북에 투자하려면 정보가 필요하다. 실적은 어떤가, 애널리스트들은 주가를 어떻게 전망하는가, 현지 투자자들의 분위기는 어떤가? 하지만 정보가 제한되고, 모든 정보가 영어로 되어 있어 한국 투자자들이 이해하기 어렵다.

또 한국의 개인투자자가 미국의 페이스북에 대해 좋은 정보를 빠르게 얻는 것은 현실적으로 불가능하다. 미국 현지의 기관투자자들이 좋은 정보를 선점하고, 미국의 개인이나 외국의 기관투자자들이 그다음일 테고, 외국의 개인투자자들은 투자 정보를 가장 늦게 접할 가능성이 높다. 이때는 호재가 모두 가격에 반영된 뒤라 주식의 추가 상승 가능성보다 하락 가능성이 높아진 시점일 것이다.

그래도 해외 투자를 추천하나?

물론이다. 장기 분산투자 관점에서 필요하다. 그리고 금융시장이 발전하면 해외 투자도 용이해진다. 미국 시장은 해외 투자 역사가 길고, 인프라도 상대적으로 잘 갖춰졌다. 해외 투자를 하려고 마음먹으면 온라인으로 손쉽게 여러 가지 상품 정보를 접할 수 있다. 전문 운용 인력의 풀이 크고, 해외 투자에 성과를 올린 펀드도 어렵지 않게 찾을 수 있다. 한국도 이 방향으로 가고 있다고 본다.

본 대담 내용은 학문적이고 중립적인 목적으로 제공되었으며,
특정 시장과 상품에 대한 상업적 목적으로 이용할 수 없습니다.

Chapter 6

실전 미국 투자

★ ★ ★

금융시장 등락은 예측 불가능하다.
하지만 자산 배분을 잘 해놓으면 시장 방향에
관계없이 안정적인 투자 수익이 가능하다.

1

미국 투자, 왜 자산의 20%인가?

"미국에 투자하세요." 이 말을 들은 사람 중 열에 아홉은 다음과 같이 반응한다. "좋은 상품 있어요?" "추천 종목은요?" 대다수 투자자가 투자 결정과 상품 선택을 동일시한다. '무엇'에 투자할지가 투자 결정의 전부라고 생각한다.

그러나 투자 상품을 선택하기 전에 훨씬 중요한 결정을 해야 한다. 바로 '자산 배분' 결정이다. 내가 가진 자금 중 얼마를 국내 혹은 해외에, 부동산에, 주식에, 채권에 투자할지 그 비중을 결정하는 것이다.

앞 장에서 소개한 "여윳돈의 20%를 미국에 투자하겠다"는 1차적인 자산 배분 결정이다. 이중 몇 %를 주식에 투자할지, 예금에 투자할지 결정하는 것은 다음 단계다. 파이를 자르듯 자산 배분 계획을 수립해야 한다.

투자자들은 가장 중요한 결정에 가장 적은 시간을 할애한다

자산 배분 결정의 중요성은 아무리 강조해도 지나치지 않다. 그 이유는 첫째, 투자수익률이 대부분 자산 배분에 따라 결정되기 때문이다. 주식과 예금의 비율을 6:4로 할지, 4:6으로 할지는 주식의 종목 선택보다 훨씬 중요하다.

투자 수익을 결정하는 요인은 다음 세 가지다.

첫째, 위에 설명한 자산 배분이다. 예를 들어 1000만 원을 가진 투자자가 "나는 600만 원은 예금하고, 400만 원은 주식을 사겠다"고 하는 결정이다.

둘째, 종목 선정이다. 주식을 사겠다고 마음먹은 뒤 페이스북 주식을 살지, 구글 주식을 살지 결정하는 일이다.

셋째, 타이밍이다. 페이스북 주식을 산다면 언제 살지, 목표 매수 가격은 얼마인지 결정하는 것이다.

이 세 가지 요인 중 최종 수익률에 가장 큰 영향을 미치는 것이 자산 배분이다. 투자 업계에서는 장기적으로 투자 수익의 90%가 자산 배분에 따라 결정된다고 본다. 종목 선정이나 진입 시기의 영향력은 10%에 불과하다. 그러나 투자자들은 종목 선정이나 진입 시기를 저울질하는 데 많은 시간을 쓴다. 자산 배분은 대강 하거나, 아예 생각하지 않는 경우가 많다.

아무리 훌륭한 펀드매니저도 매번 종목 선정에 성공할 수 없다. 타이밍도 마찬가지다. 금융시장 등락은 예측 불가능하다. 확률 게임에서 매번 승리할 것을 기대하면 안 된다. 기본적으로 타이밍과 종목 선정은 제로섬게임에 가깝다.

하지만 자산 배분은 다르다. 자산 배분을 잘 해놓으면 시장 방향에 관계없이 안정적인 투자 수익이 가능하다. 투자 전문가들은 종목이나 진입 시기가 투자 수익에 미치는 영향을 최대한 낮추고, 자산 배분을 통해 장기적인 자산 운용을 할 것을 추천한다.

합리적인 투자를 위한 자산 배분의 원칙

그렇다면 적절한 미국 투자 비중은 얼마인가? 자산 배분 비중에 정해진 답은 없다. 일반적으로 투자 목적과 상황에 따라 비중을 조절한다. 주식과 예금의 예로 돌아가자. 예금 금리가 1%고 주식 수익률을 5%로 예상한다면, 투자자의 목표 수익률에 따라 비중을 조절할 수 있을 것이다. 높은 수익을 원하면 주식 비중을 높이고, 안정성을 원하면 예금 비중을 높인다.

투자자 개인의 상황도 고려해야 한다. 가까운 미래에 지출 계획이 있거나 수입이 불안정한 투자자는 예금 비중이 높은 것이 바람직하다. 당장 없어도 되는 여윳돈은 공격적으로 운용할 수 있다. 집을 소유한 50대 가장의 자산 배분과 20대 사회 초년생의 자산 배분은 달라야 한다.

자금 규모에 따라 자산 배분에 제약 조건이 생기기도 한다. 소액 투자가 가능한 예금이나 주식은 상관없지만, 투자 단위가 큰 실물 부동산이나 현물 채권에 투자하기 위해서는 투자 금액이 어느 정도 규모가 되어야 한다.

앞서 언급한 예일대학교 기금 펀드의 CIO 데이비드 스웬슨 교수는 자산 배분 원칙을 다음 네 가지로 요약했다.

첫째, 핵심 자산(주식, 채권, 부동산)을 포함해야 한다. 경기가 좋으면 주가가 오르고, 채권 가격은 떨어진다. 경기가 나빠지면 반대다. 주식과 채권을 동시에 보유하면 전체 포트폴리오 수익이 안정적인 이유다. 앞서 말한 대로 부동산은 주식과 채권의 중간 성격을 띤다. 임대 수익은 채권의 이자와 비슷하고, 집값 상승은 주가 상승 효과와 비교할 수 있다. 부동산은 실물 자산이라 인플레이션 위험도 줄여준다.

둘째, 개별 자산의 비중은 5~30%로 한다. 자산을 너무 잘게 쪼개면 거래 비용이 많이 들고 번거롭다. 너무 안 쪼개면 분산투자 효과가 약하다. 스웬슨 교수가 예로 제시한 예일대학교 기금 펀드의 자산 배분 비중은 그림과 같다. 예일대학교 기금 펀드 입장에서는 미국 주식이 국내 주식이다.

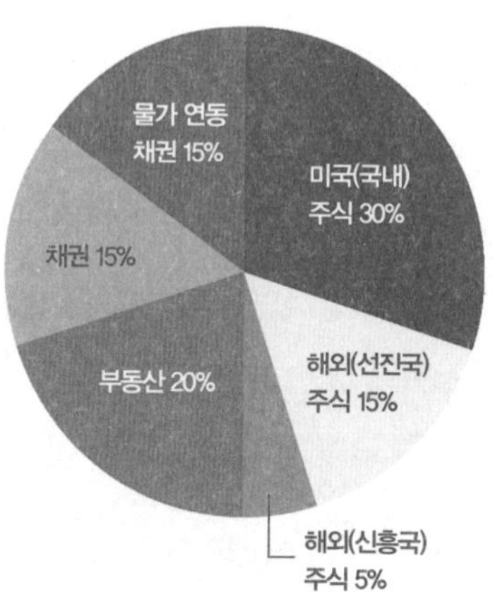

| 자산 배분 예시 |

셋째, 미국 주식 비중을 가장 높게 잡는다. 스웬슨 교수는 장기 수익률 측면에서 미국 주식이 다른 자산에 비해 월등하다고 주장한다. 1926~2003년 미국 주식의 연평균 수익률은 10%로, 미국 국채(3~5%)보다 훨씬 높다. 물론 주식 투자는 채권 투자보다 위험하므로, 주식 투자 수익률은 채권 투자수익률보다 높아야 한다. 그러나 미국 주식의 경우 수익률의 큰 부분을 배당 등 안정적 수익이 차지해서 채권보다 위험 대비 수익률 측면에서 우월하다는 주장이다.

넷째, 자산 배분은 투자자 개인 성향을 고려해야 한다. 위에 언급한 투자 목적, 재무 상황과 함께 투자자의 금융시장 이해도, 감내할 수 있는 최대 손실 규모 등 '성향'을 고려해야 한다.

이 원칙을 참고한다면 자산 배분에 반드시 주식, 채권, 부동산이 포함되어야 한다. 각 자산의 적절한 비중은 5~30%다. 전체 포트폴리오 중 달러 투자 비중을 5~30%에서 선택할 수 있다.

국민연금의 해외 투자 확대를 주목하라

2015년 기준 국민연금의 해외 투자 비중은 약 25%다. 선진국과 신흥국의 주식, 채권, 부동산, 헤지펀드 등을 모두 합한 비중이다. 국민연금이 처음 해외 투자에 나선 것은 2001년으로, 해마다 늘어나는 추세다.

전 세계적으로 연·기금의 해외 투자 비중이 늘어나고 있다. 해외 연·기금의 해외 투자 비중은 평균 20~50% 수준이다. 중국의 사회보장펀드NCSSF는 해외 투자 비중이 20%, 대만의 노동펀드LPF는 50%에 가깝다.

국민연금을 비롯한 연·기금의 해외 투자 비중이 늘어나는 이유는 여러 가지다.

첫째, 금융 서비스의 발전이다. 금융시장이 글로벌하게 연결되고 각종 기술과 서비스 혁신이 일어나며 해외 투자가 쉬워졌다. 주식이나 채권 같은 전통적인 자산뿐만 아니라 헤지펀드, 부동산, 사모펀드 등 자산 종류도 다양해지고 있다.

둘째, 국내의 낮은 투자수익률이다. 금융위기 이후 한국을 비롯해 선진국 금리 수준이 전체적으로 낮아졌다. 2015년 일본과 유럽 채권의 1/3이 마이너스 금리에서 거래되었다. 고금리를 찾아 2015년 한 해 신흥국 시장으로 50조 달러가 넘는 자금이 유입되었다. 연·기금도 고금리 투자처를 찾아 해외로 나서고 있다.

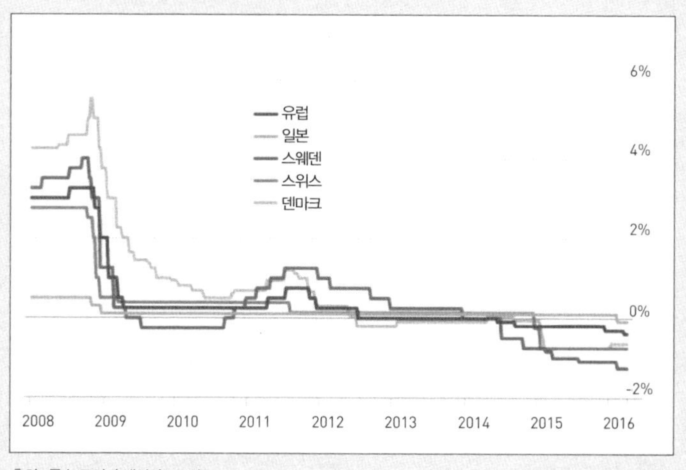

출처 : 톰슨 로이터 데이터스트림

| 마이너스 정책 금리를 시행하는 나라들 |

셋째, 고령화다. 전 세계적인 인구 고령화로 연·기금의 연금 지급 부담이 늘어나고 있다. 투자수익률은 떨어지는데 지출 규모는 늘어난다. 투자 대상 다변화와 공격적인 투자 전략을 통해 추가 수익을 추구해야 한다.

해외 투자를 통한 수익률 강화 전략은 현재까지 성공적이다. 2011~2015년 국민연금이 투자한 국내 주식 수익률은 연평균 −0.46%인 데 비해, 해외 주식 투자수익률은 평균 7.55%다. 국민연금은 해외 투자 비중 확대를 통해 현재 연 4.75%(2016년, 잠정)인 수익률을 더 높인다는 계획이다.

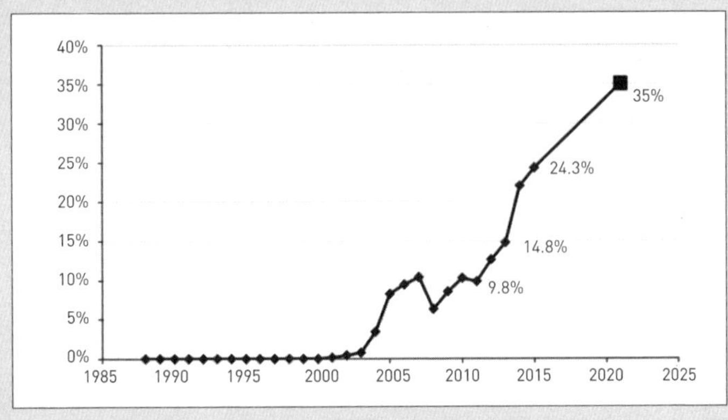

* 2015년 이후는 예상

| 국민연금 해외 자산 투자 비중 |

2016년 국민연금공단은 2015년 기준 약 25%인 해외 투자 비중을 2021년 말까지 35%로 확대한다고 발표했다. 국내와 해외 투자 비중을 4:1에서 2:1로 확대한다는 방침이다. 국민연금의 자금 규모는 2015년 500조 원이 넘었고, 2022년에는 1000조 원을 넘어설 것으로 예상된다.

다른 연·기금도 국민연금의 행보를 뒤따르고 있다. 2016년 한국교직원공제회, 사립학교교직원연금공단, 공무원연금공단, 행정공제회 등이 해외 투자를 늘리는 계획을 발표했다. 주요 보험사들도 마찬가지다. 회사별로 차이가 있으나 빅3 생명보험사(삼성, 교보, 한화)와 빅4 손해보험사(삼성, 현대, 동부, KB) 중 삼성을 제외한 모든 보험사가 2011년 이후 해외 투자 비중을 확대하고 있다.

이들 보험사는 금융위기 이후 수익성보다 안정성에 초점을 맞추면서 2011년 이전에는 해외 투자 비중을 크게 줄였으나, 이후 경기 회복과 수익성 확보를 위해 해외 투자를 다시 늘리기 시작했다.

2

세금과 거래 비용,
알고 시작하자

자산 배분을 결정한 다음에 생각할 것은 세금이다. 세금은 투자 결정에 중요한 요소다. 절세 혜택을 잘 이용하는 것은 재테크의 기본이다.

미국 주식 직접투자 :
배당소득세 15%, 양도소득세 22%

미국 주식 직접투자 시 한국에 납부할 세금에는 종합소득세, 양도소득세, 상속·증여세가 있다.

상속·증여세는 주식이나 부동산을 부모 혹은 타인에게 상속·증여받는 경우에 해당한다. '자산 취득 시' 고려해야 할 세금이다. 예를 들어 한

시점	세금	과세 대상	한국 주식	미국 주식
취득 시	상속·증여세	취득 금액	10~50% 누진세	10~50% 누진세
보유 기간 중	종합소득세	이자·배당	14%	15%
매도 시	양도소득세	매매 차익	비과세	22%(주민세 포함)

| 한국과 미국 주식 직접투자 시 과세 |

국 투자자가 미국의 부동산을 자녀에게 상속·증여할 경우 상속세가 부과된다. 상속세와 증여세율은 동일하며, 10~50% 누진세가 적용된다.

종합소득세는 이자와 배당에 부과된다. '자산 보유 기간 중' 고려해야 할 세금이다. 미국 주식의 배당에 적용되는 세율은 15%로, 한국의 14%보다 약간 높다. 배당소득이 연 2000만 원 이상이면 금융 종합소득 과세 대상이 되어 누진세가 적용된다.

자산을 매각할 때 고려해야 할 세금은 양도소득세다. 양도소득세는 매도 시 차액에 부과된다. 세율은 20%(주민세 포함 22%)이며, 연 250만 원까지 공제가 가능하다. 예를 들어 5000만 원으로 미국 주식을 매입했다가 6000만 원에 매도해 수익이 1000만 원이라면, 공제되는 250만 원을 제외한 750만 원에 양도소득세 22%, 즉 165만 원이 부과된다.

양도소득은 자진 신고 대상이다. 해마다 1월 1일부터 12월 31일까지 매도 내역을 다음 연도의 신고 기간(5월 1~31일)에 관할 세무서에 자진 신고해야 하며, 신고 양식은 HTS나 모바일트레이딩시스템MTS에서 내려받을 수 있다. 국세청 홈택스(www.hometax.go.kr) 전자 신고도 가능하다.

미국 주식에 직접투자를 시작하는 경우 '보유 시 배당소득세 15%, 매도 시 양도소득세 22%'라는 큰 그림을 가지고 접근하면 된다.

미국 펀드·ETF 간접투자 :
배당소득세, 양도소득세 모두 15.4%

미국 주식에 간접투자 하는 펀드와 ETF는 보유 기간 중에는 배당에, 매도 시 차익에 양도소득세 15.4%가 적용된다. 국내 주식형 펀드는 배당에 양도소득세가 적용되고, 매도 시 양도 차익에 대한 양도소득세는 면제되는 것에 비해 해외 펀드는 배당과 차익 모두 과세 대상이라 세금 부담이 크다.

해외 펀드의 양도 차익에 대한 세금 부담을 일시적으로 없앤 것이 2016년 2월 시행된 해외 펀드 비과세 혜택이다.

해외 펀드 비과세 조치는 해외 상장주에 60% 이상을 투자하는 해외 펀드의 매매·평가 차익과 환차익에 대해 양도소득세 비과세 혜택을 주는 조치다. 1인당 3000만 원 한도로 최대 10년간 적용된다. 해외 펀드 비과세 혜택은 2017년 12월 말 가입자까지 유지된다.

금융투자협회가 발표한 300여 개 비과세 해외 펀드 내역에는 국내 상장 해외 ETF 10개도 포함되었다. 10개 중 6개는 중국 ETF다. 제도가 시행되고 10개월간(2016년 2~12월) 약 1조 원이 비과세 해외 펀드에 몰렸다. 환율 상승 효과로 환헤지형보다 환노출형의 수익률이 높았다.

정부가 해외 펀드 비과세 조치를 취하는 목적은 해외 투자 활성화다. 정부는 외화보유고가 넉넉하고 수출 경쟁력을 위해 원화 약세가 필요할

시점	세금	국내 주식형(상장 주식) 펀드	해외 펀드 · ETF
보유 기간 중	종합소득세	과세	과세
매도 시	양도소득세	비과세	과세(한시적 비과세)

| 국내 주식형 펀드와 해외 펀드·ETF 세금 비교 |

때 해외 펀드 비과세 조치를 실행한다. 국내 투자자들의 해외 투자를 촉진해 '원화 매도+달러화 매수' 흐름으로 환율 상승 환경을 조성한다.

2006년 원/달러 환율이 1000원 이하로 떨어졌을 때 비과세 조치가 실행되었다. 비과세 조치는 당시 중국 주식 활황과 함께 중국 펀드 붐을 이끌었다. 2016년 초 실행된 해외 펀드 비과세 조치 역시 해외 투자 활성화와 환율 조정 목적이 있었다고 본다. 원/달러 환율이 충분히 높은 수준이라면 비과세 조치는 연장되지 않을 가능성이 높다.

비과세 해외 펀드 가입을 고려하는 투자자라면 2017년 중에 투자 결정을 내려야 할 것이다.

거래 비용도 꼼꼼히 따져보자

세금과 더불어 거래 비용도 고려해야 한다. 해외 투자의 수수료는 국내 투자보다 비싸다. 보통 미국 주식 직접투자 수수료는 거래 대금의 0.25%(온라인), 0.5%(전화) 혹은 7달러(약 8400원) 중 큰 금액이다. 국내 주식 거래 시 수수료가 0.02% 미만이거나 면제되는 곳도 많은 것에 비하면 비싼 편이다. 1000만 원으로 미국 주식을 매입하면 수수료가 2만 5000원이다. 하루에 몇 번씩 거래하기는 부담스러운 금액이다. 단타 매매가 불가능한 이유다.

펀드 수수료도 해외 펀드는 국내 펀드에 비해 평균 1% 이상 높다. 해외 ETF는 상대적으로 수수료가 싼 편이지만, 2017년 3월 현재 거래 가능한 해외 ETF 중에 미국 투자 상품은 종류가 많지 않다.

거래 비용이 비싼 만큼 해외 투자 결정은 신중해야 한다. 비싼 수수료 때문이라도 해외 투자는 1년 이상 장기 투자가 적합하다.

3

미국 상장 ETF, 한방에 분산투자

미국 투자에 나서는 투자자가 꼭 기억해야 할 키워드는 '자산 배분'과 '분산투자'다. 자산 배분에 대한 결정을 했다면, 다음 단계는 투자 상품 결정이다. 투자 상품 결정 단계에서 가장 쉽게 분산투자 원칙을 실행할 수 있는 방법이 ETF다.

ETF는 저렴하고 편리하게 분산투자가 가능하다는 것이 장점이다. ETF는 말 그대로 '상장된 펀드'다. 펀드와 같은 투자 방식을 취하지만, 주식처럼 손쉽게 사고팔 수 있다. 상장된 상품에 투자하면 소액으로 분산투자가 가능하다. 100만 원으로는 삼성전자 주식 1주도 살 수 없지만, 코스피지수 연동 ETF에 투자하면 수백 개 기업에 쪼개서 투자하는 것과 같은 효과를 얻는다.

주식처럼 상장되어 거래도 간편하다. ETF는 주식처럼 종목 코드가 있다. PC나 스마트폰에 증권사 매매 시스템을 설치하면 현재 가격으로 바로 거래가 가능하다. 시간에 따라 가격이 다르고, 가입과 환매에 며칠씩 걸리는 펀드에 비할 바가 아니다. 수수료도 펀드에 비해 훨씬 저렴하고, 주식거래와 비슷한 수준까지 낮아지는 추세다.

ETF는 2002년 한국에서 처음 거래된 후 자산 규모와 거래량 모두 꾸준히 증가했다. 2016년 기준으로 자산 규모는 20조 원이 넘었고, 한국 증시 거래량 가운데 15%가 ETF 관련 물량으로 파악된다. 트럼프 깜짝 당선 소식이 전해진 2016년 11월 9일, 하루 시장 거래 대금이 무려 3조 7000억 원에 달했다. 수익률도 훌륭하다. 2016년 11월 기준으로 과거 5년 수익률이 국내 주식형 ETF는 7.2%, 해외 주식형 ETF는 35.9%에 달한다.

ETF의 성장은 해외 투자 분야로 확대되고 있다. 해외 ETF는 국내 펀드보다 수수료가 비싸고 가입·환매 절차가 복잡한 해외 펀드에 비해 장점이 많다.

다양성과 세금 측면에서 미국 상장 ETF가 유리하다

ETF로 할 수 있는 해외 투자는 두 종류가 있다. 국내에 상장된 해외 ETF(국내 상장 해외 ETF)를 거래하는 방법과 해외에 상장된 ETF를 직접 거래하는 방법이다. 요즘은 해외에 상장된 ETF를 직접 거래하는 '직구'도 인기다. 특히 미국 투자에는 해외 상장 ETF가 낫다.

일단 국내 상장 미국 ETF는 종류가 제한된다. 중국, 베트남 등 아시아 지역 투자 상품이 많고, 미국 상품은 몇 개 되지 않는다. 미국에 상장된 ETF(미국 상장 ETF)는 상품이 다양하다. 국내에서 투자 가능한 미국 상장 ETF는 1000개가 넘는다.

과세 체계 측면에서도 미국 상장 ETF가 국내 상장 해외 ETF보다 유리하다. 미국 상장 ETF의 세금 체계는 미국 주식과 같다. 매도 시 차액에 대해 연 250만 원을 공제하고, 양도소득세 22%가 부과된다. 국내 상장 해외 ETF는 배당소득세 15.4%가 적용된다. 명목상 미국 상장 ETF 세율 22%에 비해 낮지만, 따져보면 미국 상장 ETF의 절세 효과가 더 크다. 소액 투자자나 자산가에게도 그렇다.

소액 투자자 입장에서는 미국 상장 ETF의 세금 공제 효과가 장점이다. 미국 상장 ETF는 매도 시 차액에 대해 연 250만 원이 세금 공제되지만, 국내 상장 해외 ETF는 공제 혜택이 없다. 금융 소득이 연 2000만 원 이상인 자산가에게도 미국 상장 ETF가 낫다. 미국 상장 ETF의 배당소득은 금융 소득 과세 대상이 아니지만, 국내 상장 해외 ETF의 배당소득은 금융 소득에 포함된다.

미국 상장 ETF의 손실 상계도 장점이다. 미국 상장 ETF는 여러 종목 거래에 대해 과세할 때 이익과 손실이 합산된다. 한 종목에서 1000만 원을 벌고 다른 종목에서 500만 원을 잃었다면, 양도소득세는 순수익 500만 원에서 250만 원을 공제한 250만 원의 22%, 즉 55만 원이 부과된다.

반면 국내 상장 ETF는 이익에 대해 배당소득세 15.4%가 부과된다. 앞의 예시를 적용하면, 이익을 본 종목의 매도 차액 1000만 원의 15.4%인 154만 원을 배당소득세로 납부해야 한다.

모든 투자 아이디어를 실현할 수 있다

미국 상장 ETF는 정보도 얻기 쉽다. 최근 해외 ETF가 인기를 끌면서 증권사마다 상품 리스트와 투자 전략 목록집에 많은 정보를 수록한다. 기본적으로 다우지수, S&P500지수, 나스닥지수 등 주요 주가지수를 추종하는 상품과 산업별·테마별 투자가 가능한 상품이 다양하다.

이중에서 어떤 ETF를 선택해야 하는가? 5장에서 유망한 투자 분야의 예시를 들었다. 대표적인 트럼프 수혜주인 금융·전통 산업뿐만 아니라 첨단산업과 IT 혹은 인플레이션이나 금리 상승 테마도 전망이 좋다. 종목 선택에 정답은 없지만, 일반적으로 뱅가드Vanguard나 블랙록 같은 거대 글로벌 운용사의 거래량이 많은 ETF 종목을 추천한다.

자신이 잘 아는 전문 분야의 업종 ETF에 투자하는 것도 승률을 높이는 방법이다. 개인투자자 입장에서 개별 종목에 대한 정보는 얻기 힘들지만, 자신의 직업이나 관심 분야의 업종에 대한 감각은 충분히 가질 수 있다. 자신의 전문성을 이용해 투자 수익을 얻고, 덤으로 산업 트렌드도 따라가며 공부한다. 자기 돈이 들어가면 관심이 더 가게 마련이다.

자동차 산업에 종사하는 지인이 2015년에 자동차 산업 관련 ETF를 샀다. 자동차 수요 증가와 전기자동차, 커넥티드 카 등 신사업 전망에 베팅한 것이다. 이후 폭스바겐 주가가 리콜 사태로 30% 넘게 빠졌을 때 추가 매수했다. 그때도 자동차 산업 ETF의 하락 폭은 5% 미만이었다. 이런 업종 ETF는 개별 종목에 대한 위험을 최소화하며, 산업의 장기 전망을 따라간다.

ETF 종류가 워낙 다양해지다 보니 "돈 되는 아이디어가 있는데 상품이 없어서 투자 못 한다"는 것도 옛말이다. 아이디어가 있으면 상품은 ETF 시장에 준비되었다고 봐도 좋다. '트럼프가 인프라 투자를 하면 철광석 값이 오르지 않을까?'라는 생각이 든다면 관련 ETF 상품을 찾아보자. 원자재 ETF만 검색해도 수십 개 상품이 보인다. 큰 운용사의, 수수료가 싸고, 거래량이 많은 것을 고르면 실패하지 않을 것이다.

구체적인 ETF 투자 전략은 부록에서 다룰 것이다.

스탠퍼드 경영대학원 교수 찰스 리와 대럴 더피에게 듣다

해외 투자가 처음이라면 지수 연동형 ETF가 답

개인투자자들에게 종목 투자를 추천하지 않는다고 들었다. 이유가 무엇인가?

대럴 더피 | 종목 선정에 필요한 정보를 얻기 어렵기 때문이다. 어떤 기업의 주식을 산다고 결정하기 위해서는 거쳐야 할 과정이 있다. 회계장부를 검토해 현재 회사 상태를 파악해야 한다. 수익 모델이 지속 가능한지 판단하려면 할 일이 더 많다. 경영진을 만나봐야 하고, 고객이 상품과 서비스에 만족하는지도 알아야 한다. 개인이 할 수 없는 일이다. 그래서 사람들은 금융회사나 펀드매니저에게 수수료를 지불하고 간접투자를 한다. 펀드나 ETF가 그 예다.

해외 펀드와 ETF 중 하나를 추천한다면?

대럴 더피 | ETF가 낫다. 해외 투자가 처음이라면 주가나 채권 지수를 넓게 추종하는 지수 연동형 ETF가 맞다. 뱅가드의 ETF 상품은

저렴한 수수료로 미국 주식시장 전반에 투자할 수 있는 기회를 제공한다. 거기서 출발해 투자자 개인의 선택에 따라 업종이나 스타일에 변형을 주는 단계를 추천한다.

운용사를 추천한다면? 뱅가드가 가장 나은가?

찰스 리 | 자산 운용은 크게 능동적active 운용과 수동적passive 운용으로 나눈다. 수동적 운용을 대표하는 상품이 지수를 추종하는 ETF다. 벤치마킹하는 지수를 가깝게 추종하는 것을 목표로 운용된다. 블랙록의 아이셰어iShare에 많은 상품 스타일이다. 수동적 ETF 분야에서 블랙록 아이셰어의 시장점유율은 50%가 넘는 것으로 알고 있다.

ETF의 성장이 헤지펀드 산업을 위협하는 원인이라고 생각하나?

찰스 리 | 변화 원인인 것은 맞다. 헤지펀드는 능동적 운용 전략 주체다. 시장지수를 추종하는 것이 아니라 플러스알파 수익을 목표로 한다. 예전에는 수동적 전략을 취하는 헤지펀드도 있었다. 그러나 ETF가 등장함에 따라 투자자들은 비싼 수수료를 내고 헤지펀드에 수동적 전략 운용을 맡길 이유가 없어졌다. 플러스알파 수익을 낼 수 있는 능동적 전략을 수행하는 헤지펀드가 살아남고 있다.

요즘 로보어드바이저(자동 알고리즘 자산 관리 서비스)가 ETF에 많이 투자한다.

찰스 리 | 로보어드바이저는 자동화된 알고리즘을 통해 ETF에 분산

투자 하는 수동적 운용 서비스다. 투자자 입장에서 능동적·수동적 전략은 장단점이 있다. 둘 다 있는 것이 이상적이라고 생각한다. 수동적 전략은 ETF와 로보어드바이저가, 능동적 전략은 헤지펀드가 하는 쪽으로 역할이 분담되고 있다고 본다.

본 대담 내용은 학문적이고 중립적인 목적으로 제공되었으며,
특정 시장과 상품에 대한 상업적 목적으로 이용할 수 없습니다.

4

미국 부동산도 리츠 ETF로 소액 분산투자

미국 부동산 전망이 여전히 좋다는 이야기는 앞에서 했다. 수요가 탄탄하고 공급이 부족하며, 부실 대출이 없기 때문이다. 연 두 자릿수 상승세가 10년간 지속된 끝에 2016년 이후 상승이 둔화되는 것은 사실이나, 급락 가능성은 거의 없다는 것이 전문가들의 의견이다.

2017년 초 캘리포니아 현지 부동산 전문가들에게 매수 타이밍을 물었다. "거주용이면 지금 사도 괜찮고, 투자용이면 조금 기다려보는 것이 좋다"는 의견이 대부분이었다. 2016년 하반기 이후 가격 조정을 저가 매수의 기회로 보는 듯했다. 미국 금리 인상이 본격화하고, 중국 정부의 자금 유출 규제와 달러 강세 심화로 해외 자금 유입이 주춤해지면 조금이라도 싼값에 살 수 있지 않겠느냐는 기대감이다.

낙관론자들은 조정 없는 상승을 예상하고, 비관론자들은 향후 2~3년간 5~10% 조정을 거쳐 다시 상승을 전망하는 정도다. 10년, 15년 뒤 부동산 가격이 지금보다 높을 것이라는 데는 모두 동의한다. 특히 캘리포니아 부동산 시장은 인구와 소득 증가로 수요가 탄탄하다. 로스앤젤레스 시내에서 진행되는 부동산 개발 프로젝트가 2017년 한 해만 100건이 넘는다. 신규 주택 착공, 종전 주택 판매 지표도 좋다. 여전히 분위기는 '판매자시장seller's market'이다.

소액으로도 미국 부동산에 투자할 수 있다

미국에 집을 사는 것은 고액 자산가만 할 수 있는 일이 아니다. 소액 투자도 얼마든지 가능하다. 개인이 미국 부동산에 소액으로 투자하려면 앞서 소개한 리츠가 가장 좋은 수단이다. 리츠는 특수한 형태의 '기업'이다. 미국 리츠는 총 자산의 75% 이상을 거주용·사업용 부동산이나 관련 기업에 투자하고, 75% 이상을 고정적인 임대 수익이 가능한 부동산에 투자하며, 수익의 90% 이상을 배당하는 회사다. '리츠에 투자한다'는 것은 이런 특수한 부동산 회사에 투자한다는 의미다.

미국 리츠에는 여러 형태로 투자할 수 있다. 페이스북과 구글 주식처럼 리츠를 개별 종목으로 살 수도 있고, 펀드나 ETF를 통해 간접투자 할 수도 있다.

해외 펀드가 페이스북이나 구글에 투자하면 '기술주 펀드'인 것처럼, 해외 펀드가 리츠에 투자하면 '리츠 투자 부동산 펀드'로 불린다. 국내에 '미래에셋 미국리츠 부동산자투자신탁1호'가 있다.

ETF가 리츠에 투자하면 '리츠 투자 부동산 ETF'다. 부동산 펀드와 같은 전략인데 상장된 부동산 펀드다. 앞서 설명한 ETF의 장점은 리츠 ETF에도 그대로 적용된다. 부동산 펀드와 달리 '리츠 ETF'는 상장 펀드로, 소액 분산투자가 가능하고 수수료가 싸다.

국내 운용사가 출시한 미국 리츠 ETF 상품은 '미래에셋TIGER MSCIUS리츠부동산ETF' '한국투자KINDEX 다우존스미국리츠부동산ETF'가 있다. 긴 이름에 펀드의 특성이 담겼다. 전자는 MSCIUS 리츠 지수를, 후자는 다우존스 리츠 지수를 벤치마크로 추종한다.

미국에 상장된 부동산 ETF도 투자할 수 있다. 글로벌 최대 미국 리츠 ETF인 'VanguardREITsETF'는 150여 개 종목으로 구성된다. 2016년 11월 기준 최근 3년 수익률이 30%에 육박한다.

개인투자자에게 가장 적합한 미국 부동산 투자 상품은 '미국 리츠 ETF'다. 저렴한 비용으로 소액 분산투자가 가능하기 때문이다. 앞 장에서 미국 주식을 거래할 때 ETF의 장점을 설명했다.

미국 부동산 투자는 ETF의 장점이 더 크다. 부동산은 주식에 비해 정보가 제한적이다 보니 해외 투자자 입장에서 좋은 종목과 타이밍을 잡기가 거의 불가능하기 때문이다.

리츠는 저금리 시대 각광받는 투자처

투자 이론에서 부동산 자산은 '불균질heterogeneous'하다고 한다. 똑같은 부동산은 없다는 말이다. 같은 지역, 같은 건물, 같은 층이라도 내 집과 옆집이 다르다. 특히 미국은 넓고 지역별 특성이 매우 다양하다. 환경이나 규제도 천차만별이다. 뉴욕에서 상업용 부동산을 매입할 때와 캘리포니아에 거주용 부동산을 매입할 때 완전히 다른 프로토콜을 따라야 한다.

지역 전문가 없이 좋은 부동산 정보를 얻는 것이 불가능한 까닭이다. 미국에도 각종 온라인 부동산 중개 사이트가 있지만, 실제 매물 정보와 차이가 커서 매매를 주도하는 것은 각 지역의 부동산 에이전트다. 현지 사정이 이런데 한국에서 부동산 투자를 하는 경우 좋은 정보를 얻기는 정말 어렵다.

한 건물에 집중투자 하는 펀드보다 ETF를 통한 분산투자가 적합하다. 최근 한국에서 출시된 부동산 펀드 중 특정 건물의 인수 자금을 조달할 목적으로 출시된 것들이 있다. 투자 대상 건물이 유망한 투자인가에 상관없이 공모하는 형태가 과연 적절한지 의문이다. 장기적 위험을 감수할 수 있는 기관투자자들에게 적합한 형태로 보인다.

저금리 시대에 리츠는 각광받는 투자처다. 높은 배당과 실물 자산 투자의 장점이 있어서 중요한 은퇴 자산으로 자리 잡고 있다. 지난 20년간 글로벌 리츠 수익률은 주식과 채권을 앞선다.

	미국	영국	호주	일본
리츠 수익률(%)	3.31	3.76	5.90	5.50
10년 만기 국채 수익률(%)	1.47	1.47	3.11	0.79

출처 : 투자신탁협회(2012년 7월 말 기준)

| 주요 국가 리츠 수익률과 10년 만기 국채 수익률 비교 |

미국 리츠는 전 세계 리츠 시장의 60%에 달한다. 세계 상장 리츠 시장은 1500조 원 규모인데, 그중에 미국이 900조 원으로 가장 큰 비중을 차지한다.

투자 결정 과정을 돌아보자. '자산 배분'과 '분산투자'가 중요하다. '여윳돈의 20%로 미국 투자를 하겠다'는 자산 배분, '핵심 자산인 주식, 채권, 부동산을 포함한다'는 원칙, 그다음은 ETF를 통한 분산투자다.

불안한 한국 부동산 대신 미국 부동산 리츠 ETF로 핵심 자산의 한 축을 구성하는 것은 어떤가.

현지 부동산 전문가에게 듣다

캘리포니아 부동산 시장 전망

한국 투자자들의 미국 부동산 직접 매입도 꾸준하다. 거주, 자녀 유학, 사업 목적으로 미국 주요 도시 부동산 시장에 관심을 쏟는 투자자가 많다. 해외 부동산 직접투자는 규모가 크고, 환율이나 경기 등 예측 불가능한 변수가 많으며, 환매가 쉽지 않기 때문에 신중한 접근이 필요하다. 소액 투자자는 리츠 ETF가 정답이다.

로스앤젤레스 현지 부동산 전문가의 도움을 받아 2017년 초 캘리포니아 남부 부동산 시장 분위기를 FAQ 형태로 정리했다.

미국에서 집값이 많이 오른 도시는 어디인가?

1위는 샌프란시스코다. 지난 30년간 가격이 거의 7배로 뛰었다. 2위는 산호세, 3위가 호놀룰루, 4위 시애틀, 5위 포틀랜드 순이다. 10위권에 로스앤젤레스, 샌디에이고 등 서부 도시가 7개다. 캘리포니아를 중심으로 한 거주 수요와 실리콘밸리 경제성장이 원동력이었다.

순위	지역	1986년 중간가격	2016년 중간가격	중간가격 차이	가치상승률
1	샌프란시스코(CA)	$160,955	$1,058,474	$897,520	558%
2	산호세(CA)	$154,787	$923,315	$768,527	496%
3	호놀룰루(HI)	$120,199	$607,003	$486,804	405%
4	시애틀(WA)	$81,774	$412,286	$330,512	404%
5	포틀랜드(OR)	$63,154	$313,079	$249,925	396%
6	오클랜드(CA)	$130,659	$631,109	$500,450	383%
7	오렌지카운티(CA)	$143,210	$643,483	$500,273	349%
8	LA카운티(CA)	$116,061	$520,060	$403,998	348%
9	샌디에이고(CA)	$114,414	$502,015	$387,601	339%
10	마이애미(FL)	$62,385	$249,326	$186,941	300%

출처 : 〈미주중앙일보〉, 트룰리아Trulia

| 지난 30년간 집값 많이 오른 미국 도시 순위 |

앞으로도 집값이 오를 것으로 보는가?

그렇다. 특히 주거지로 인기 있는 캘리포니아 지역은 주택 수요에 비해 공급이 매우 부족하다. 경기 회복과 저금리, 현지 기업들의 고용 안정, 해외 자금 유입으로 주택 수요는 탄탄한데, 공급이 수요를 따라잡지 못하기 때문이다.

공급난의 원인은 무엇인가?

종전 주택 소유자들과 주·시 정부가 신규 주택 건설을 지지하지 않기 때문이다. 인구는 늘고 집 지을 토지는 부족한데, 가능한 땅에도 새로 집을 짓기가 쉽지 않다. 주택 착공에 필요한 절차나 허가가 느린 것도 주택난을 심화하는 원인이다.

금리 인상 영향은?

금리 인상이 본격화하는 시점에 주택 가격 상승세가 일시적으로 완만해지거나 경미한 침체기가 올 수 있으나, 오래가지 않을 것이다.

폭락 가능성은 없다는 이야기인가?

그렇다. 금융위기 이전과 달리 투기 수요가 아니라 경기 회복과 주택 실수요가 가격 상승을 이끌고 있다. 부족한 공급 원인이 단기간에 해결될 가능성이 낮고, 해외 투자 자금 유입도 꾸준하다.

저가 매수 전략이 여전히 유효한가?

그렇다. 거주 목적으로 매수를 고려하는 투자자는 물론이고, 6개월에서 1년 미만 단기 투자자에게도 2017년이 좋은 매수 타이밍이라고 본다. 과거에도 부동산 가격은 금리 인상 시작 직전에 바닥을 찍고, 금리 인상이 시작되면 오르는 경향이 있었다.

외국인의 미국 부동산 취득, 현지인과 다른 점이 있나?

매매 절차에는 아무 차이가 없다. 현금으로 구매할 경우 완전히 동일하다. 여권이 있으면 현지 은행에 계좌를 만들 수 있다. 미국 부동산 매입을 위해 방문한 외국인 투자자들이 맨 처음 하는 일이다.

그래도 외국인이면 불리한 점이 있을 것 같은데?

미국 금융기관에서 대출하려고 할 경우, 금리가 좀 높거나 대출 만기가 현지인보다 짧을 수 있다. 금융기관에 따라 선금 down payment 비율도 차이 날 수 있다. 현지인이 평균 20~30%를 선금으로 지급한다면, 외국인은 40~50%까지 요구받을 수도 있다. 선금 비율이 높을수록 융자 조건은 좋아진다. 이는 현지인이 부동산을 구입할 때도 마찬가지다.

부동산을 구입하기 위해 반드시 미국에 가야 하나?

적어도 한두 번은 직접 방문을 추천한다. 어디서나 집을 사는 결정은 중요하다. 직접 보지 않고 결정하는 것은 위험하다. 인터넷 매물 정보는 부정확하거나 실시간 정보가 아닌 것이 많다. 미국에 장기 체류하기 어려운 경우, 믿을 만한 지인이나 에이전트에게 위임장을 주고 귀국하면 한국에 돌아가도 일을 진행할 수 있다.

송금 절차는 어떤가?

한국 투자자가 미국의 부동산을 구입하고자 하는 경우, 사전에 거래 은행에 제출한 부동산 취득 신고서가 수리되어야 대금을 미국으로 송금하여 부동산을 구입할 수 있다. 보통 거래 은행 글로벌 뱅킹 부서의 담당 직원이 취득 신고서 제출과 수리를 담당한다. 취득 신고서가 수리되었다면 미국으로 송금하여 부동산을 구입한다.

투자 금액에 제한은 없나?

부동산 투자 금액에 제한은 없다. 투자자는 취득 대금을 달러화로 환전·송금하고, 매입을 위해 사용한 뒤에는 취득 처분 보고서를 외국환은행에 제출한다. 국내 거주자의 해외 부동산 취득과 해외 직접 투자 자료는 거래 외국환은행을 통해 국세청에 통보된다.

매매하는 데 시간은 얼마나 걸리나?

적어도 한 달은 잡아야 한다. 에스크로(제3자 대리인) 기간이 최소 2~3주 걸리고, 대출이 필요할 경우 대출 심사 과정도 필요하다. 대출 조건이 정해진 뒤 매물을 물색해야 자금 조달 위험이 없다.

거래 비용은?

비싼 편이다. 매수자가 부담해야 할 비용은 부동산 매수자의 부동산 중개료와 기타 매매 비용을 합치면 집값의 2~3%가 넘는다고 봐야 한다. 50만 달러(약 6억 원)짜리 주택을 매입하려면 최소한 1200만~1800만 원이 든다. 부동산 중개료에 대출 심사비, 주택 검사, 에스크로, 보험 등을 합친 금액이다.

다양한 부동산 거래 비용에 대한 매도자와 매수자의 부담 비율은 지역에 따라 다르다. 건별로 비용을 잘 따져봐야 한다.

세금 문제에 대해 간략히 설명해달라.

캘리포니아는 외국인이 미국에 부동산을 보유하면 양도소득세 10%를 예납해야 한다. '예납'은 말 그대로 세금을 미리 내는 것이다. 원래 내야 하는 양도소득세보다 많으면 나중에 돌려받는다. 또 외국인이 미국에 부동산 투자를 해서 임대소득이 있다면 임대세(원칙적으로 30%)를 납부해야 한다.

미국에는 취득세와 등록세, 종합부동산세가 없다. 다만 집을 소유하면 재산세가 부과되는데, 캘리포니아 주는 약 1%다. 3억 원짜리 집이 있으면 해마다 300만 원을 내야 하므로 꽤 부담되는 세금이다.

절세 방법은 없나?

양도소득세, 임대세 모두 절세 방법이 있다. 예를 들어 주거용 부동산에 대한 양도소득세 면제가 가능하다. 과거 5년 사이 2년 거주한 주택 매매 차익에 대해 부부 합산 50만 달러(약 6억 원), 개인 25만 달러(약 3억 원)까지 양도소득세가 면제된다. 이 혜택은 현지인과 외국인에게 모두 적용된다. 2년 거주는 연속일 필요가 없고, 5년 동안 총 거주 기간이 2년 이상이면 된다.

미국에 부동산을 구입해서 자녀에게 증여·상속하는 경우, 세금은 어떻게 되나?

한국은 자녀가 소유한 모든 재산이 과세 대상이다. 미국 부동산에 대해서도 증여·상속세가 부과된다. 증여세율과 상속세율이 같으며, 10~50% 누진세율이 적용된다. 반면 미국은 증여세가 부모에게 부과된다. 미국 부동산을 한국의 자녀에게 증여·상속하는 경우 한국에서는 자녀에게, 미국에서는 부모에게 세금이 부과되는 셈이다.

미국 부동산을 상속·증여하는 문제는 양국의 다른 세금 제도를 이해해야 하는 만큼 주의가 필요하다. 전문가와 상담을 추천한다.

미국 부동산은 6개월 미만의 단기 투자도 활발하다고 들었다.

사실이다. 1년 미만의 투자 기간을 보고 싼값에 낡은 집이나 압류된 주택을 구입하는데, 이를 '플리핑flipping 거래'라고 한다. 플리핑 거래는 2016년 2분기 기준으로 미국 전체 부동산 거래량의 5% 정도를 차지한다. 보통 현금으로 거래되며, 집값이 높은 지역일수록 플리핑 거래도 활발하다.

한국 투자자에게 플리핑 거래는 어떤가?

추천하지 않는다. 미국 부동산 가격 자체가 달러화로 책정되므로 현지의 집값 시세도 중요하나, 환율 변동성에 노출된다는 점을 잊지 말아야 한다. 단기 투자일수록 변동성이 커서 위험하다.

5

미국 투자, 은퇴 자산 관리에 꼭 필요하다

트럼프 시대 경제 키워드는 '불확실성'이다. 불확실성의 시대를 누구보다 불안하게 맞이하는 사람들이 은퇴 세대다.

2016년 금융감독원 조사에 따르면 한국 부부의 노후 필요 자금은 월평균 249만 원이지만, 실제 준비는 112만 원 수준에 불과했다. 한 달에 100만 원 이상 꼬박꼬박 받을 수 있는 수입원이 더 있어야 한다는 얘기다. '100세 시대'는 은퇴 후 30년간 이런 수입원이 필요하다는 뜻이기도 하다.

자산 관리 전문가들은 기본 생활비를 마련하는 데 국민연금으로 부족하니, 퇴직연금에 연금보험, 주택연금까지 다양한 연금 상품에 주목해야 한다고 말한다. 그래도 평균 생활비를 마련하기는 쉽지 않다. 한국인

중 75%가 미래에 대한 경제적 불안을 느낀다는 설문 조사 결과도 있다. 은퇴 자산 관리가 중요한 이유다.

국가	아이슬란드	네덜란드	룩셈부르크	한국	일본	멕시코	OECD 평균
소득 대체율(%)	90.2	88.3	88.1	42.1	33.9	36.1	59.6

출처 : 2009년, OECD

| 국가별 국민연금 소득 대체율 현황 |

한국의 은퇴 자산 관리 시장은 막 성장하기 시작했다. 2012년 말 기준 GDP 대비 은퇴 자산 관리 시장 규모는 25%에 불과하다. 미국과 영국, 호주는 100%가 넘는다. 성장세는 빠르다. 350조 원이 넘는 연금 시장 규모는 10년 내 3배 가까이 증가할 것으로 전망된다.

은퇴 자산 관리 시장이 성장하면서 다양한 투자 상품도 출시된다. 최근 은퇴 자산 관리의 트렌드는 '중위험·중수익'이며, 해외 투자도 증가하는 추세다.

은퇴 자산 운용의 3원칙 : 장기 투자, 글로벌 분산투자, 자산 배분 재조정

한국보다 은퇴 자산 관리 역사가 긴 미국에서는 일반적으로 은퇴 자산에 대해 세 가지 운용 원칙이 적용된다.

첫째, 장기 투자다. 은퇴 자산은 적립하는 데 30년, 인출하는 데 30~40년이 걸리는 초장기 투자다. 은퇴 자산 포트폴리오는 만기가 긴

상품 위주로 구성해야 한다. 단기 자산은 장기 자산보다 수익률이 낮다. 3개월짜리 달러화 예금 금리는 1%대지만, 30년 만기 국채 금리는 3%에 가깝다. 장기 자산을 많이 편입해야 장기 수익률이 높아진다.

둘째, 해외 자산이 필요하다. 분산투자는 모든 자산 관리의 기본이다. 고령 은퇴자들은 주식과 채권 상품 분산투자의 필요성은 인식하지만, 글로벌 분산투자에 대한 개념은 약하다. 미국 투자자들은 미국 중심주의 성향이 강해 해외 투자에 더 소극적이다. 그러나 한 국가에 편향된 자산 배분은 투자 위험이 높다. 장기 투자 시 해외 투자는 필수다.

셋째, 자산 배분 재조정이다. 장기 투자나 해외 분산투자 원칙이 자산 관리의 일반론에 가깝다면, 자산 배분 재조정은 은퇴 자산 관리의 특성이다. 자산 배분 재조정은 시간이 지나면서 자산 배분 비율을 조정한다는 의미다. 안정적인 근로소득이 있는 젊은 시절에는 상대적으로 위험자산의 비중을 높이고, 나이 들어서는 안전자산의 비중을 높이는 전략이 기본이다.

특히 적립식 연금은 시간이 지날수록 투자 금액이 커지므로, 안정성 있는 투자로 손실 규모를 관리할 필요도 있다. 미국 최대 자산 운용사 뱅가드의 대표 은퇴 펀드인 'Target Retirement 2050 Fund'의 자산 배분을 보면 은퇴 전 25년에는 주식 비중이 90%에 달하나, 은퇴 후에는 30%까지 줄어든다(258쪽 그래프 참조).

주식과 채권 비중에 대해 일반적으로 통용되는 룰 가운데 '100-나이'가 있다. 전체 자산 중 주식(위험 자산) 비중을 '100-나이'로 맞추라는 뜻이다. 즉 30세에는 자산의 70%를 주식에 투자하고, 50세가 되면 50%,

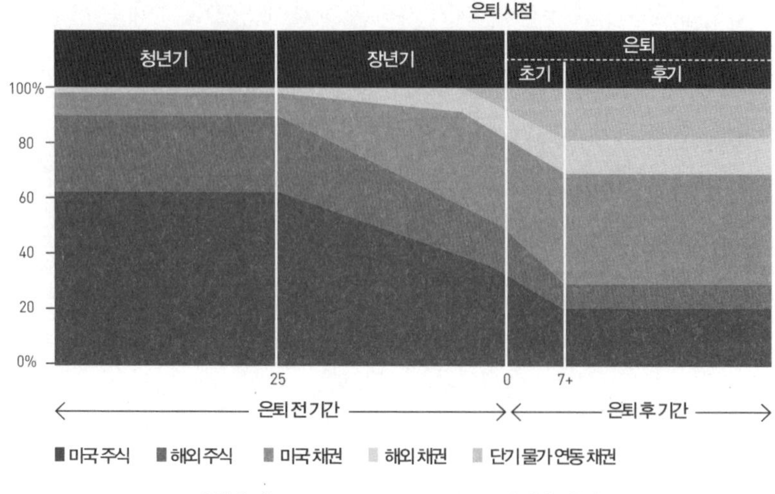

| 뱅가드 'Target Retirement 2050 Fund' 자산 배분 |

70세는 30%로 줄인다. 현실과 반드시 일치하지는 않는다. 미국에서는 연령대가 높을수록 자산 중에 주식 비중이 높다. 상대적으로 시간과 경제적 여유가 있는 고령 투자자들이 주식 투자에 활발하다.

미국 은퇴 자산 관리 분야에서 또 하나 흥미로운 움직임은 '근로의 가치'를 자산 운용에 접합하려는 시도다.

나 자신도 투자자산이다 : 근로의 가치

'가장 확실한 은퇴 전략은 은퇴하지 않는 것'이라는 말이 있다. 은퇴 설계에서 일자리가 중요하기 때문이다. 전문가들은 은퇴에 필요한 세 가지가 연금, 부동산, '일'이라고 말한다.

초저금리 시대에는 일자리가 더 중요하다. 고정적인 근로소득은 큰 도움이 된다. 어떤 사람이 월급 125만 원을 받는다면, 이는 연 1.5% 이자율을 감안할 때 금융자산으로 10억 원을 가진 것과 같은 효과다. 이 때문에 한국에서도 조기 은퇴를 했거나 은퇴를 앞둔 많은 '반퇴' 세대가 재취업에 나선다.

근로의 가치를 투자자산으로 처음 적용한 것은 미국의 경제학자 게리 베커Gary Becker다. 교육은 인적 자본human capital에 대한 투자고, 인적 자본은 주식이나 부동산과 같이 자산으로 봐야 한다고 주장하는 노동경제학Labor Economics을 창시하여 1992년 노벨 경제학상을 수상한 사람이다. 현재 거시경제학에서는 인적 자본에 대한 투자를 설비 등 자본 투자와 함께 국가의 경제성장을 구성하는 주요소로 본다.

인적 자본의 가치를 가장 쉽게 계산하는 방법은 미래 소득을 합산하여 교육비와 비교하는 것이다. 미래 소득을 투자 수익으로, 교육에 투자한 비용을 투자 원금으로 적용해 투자수익률을 계산할 수 있다. 예를 들어 2012년 기준으로 미국 대학 졸업자의 평균 주급은 1066달러(약 120만 원)다. 중·고등학교 졸업에 들어가는 비용과 대학 등록금, 생활비 등을 투자비로 계산하면 대학을 졸업하고 경력이 5년인 남자가 평균 급여를 받는 경우, 투자수익률은 약 14%다. 이 남자가 의사가 되면 투자수익률은 25%로 뛴다.

인적 자본의 투자수익률은 성별과 직업에 따라 다르다. 주식이 종목별로 투자 수익이 다른 것처럼, 개인의 소득도 성별과 직업에 따라 다르기 때문이다. 소득 수준뿐만 아니라 변동성도 다르다. 공무원의 소득은 시간이 지나도 일정하지만, 사업가나 예술가의 소득은 일정하지 않다.

노동경제학적 접근을 개인의 은퇴 자산 운용에 적용할 수 있다. 은퇴자 자신을 자본으로 보고 투자수익률을 평가해서 자산 운용에 반영하면 된다. 현재 내 수입이 얼마이며, 앞으로 늘어날 것인가? 경기 상황에 따라 수입이 변할 가능성은? 나 자신을 금융자산으로 본다. 냉정하지만 합리적인 접근이다.

미국 컬럼비아대학교 앤드루 앵Andrew Ang 교수는 은퇴자의 소득이 경기에 얼마나 민감한지에 따라 자산 구성이 달라져야 한다고 주장했다. 그는 채권 금리처럼 고정적인 소득이 안정적으로 들어오는 투자자는 상대적으로 위험 자산의 비중이 높아야 하고, 주식처럼 소득이 불안정한 투자자는 채권 같은 안정 자산의 비중이 높아야 한다고 주장했다.

• 채권 같은 소득 : 공무원, 변호사, 판사, 의사 등(주식 비중 높여야)
• 주식 같은 소득 : 프리랜서, 예술가, 연예인, 운동선수 등(주식 비중 낮춰야)

미래에는 재취업 기회와 다양성이 더 확대될 것이다. 미국을 비롯한 선진국에서는 고령화가 진행되면서 대학을 비롯한 전문가 집단과 지역사회가 '반퇴 세대'의 취업과 창업을 돕는다. 50~64세 반퇴 세대를 숨어 있는 사회적 자본으로 보기 때문이다. 베이비 붐 세대의 재취업을 돕는 미국의 비영리단체 앙코르닷오르그, 영국의 인테리어·건축자재 유통 업체 B&Q 등이 성공 사례다. B&Q는 1989년 이후 만 50세 이상인 직원만 고용한 지 1년여 만에 수익성을 18%나 개선하기도 했다.

한국도 앞으로 고령층의 평생 학습 기회를 통해 취업 가능성을 높이고, 이들이 사회에 기여할 수 있는 통로가 마련될 것이다. 이제 노인이 산업의 소외층이 아니라 중심적인 역할을 할 수 있는 집단이 되고 있다.

자산 운용 분야에서도 마찬가지다. 고령화로 은퇴자가 늘어나면 은퇴 자산 시장의 규모도 커질 것이다. '초장기 투자' '분산투자'가 필요한 은퇴 자산의 특성상 해외 투자가 활발해질 수밖에 없다.

한국의 은퇴 세대는 거의 모든 자산을 국내에 투자한다. 한국 시장의 규모는 많이 잡아야 전 세계 시장의 5% 미만이다. 전 세계 시장의 절반을 차지하는 미국 투자자들조차 해외 투자를 늘리는 추세다.

글로벌 분산투자가 필요한 이유다. 미국 투자는 그 첫걸음이다.

| 투자 전략 |

스탠퍼드 경영대학원 교수 찰스 리에게 듣다

은퇴 자산 설계, 어떻게 할 것인가?

은퇴 자산 운용을 고려하는 투자자들에게 조언한다면?

일단 저축을 해야 한다. 저축은 모든 자산 운용의 기본이다. 아무리 좋은 전략이 있어도 투자 자금이 없으면 무용지물이다. 미국 퇴직 연금 제도에서도 월급 대비 적립금 비율이 낮다는 문제가 계속 논의 중이다. 특히 요즘 같은 저금리 시대에는 같은 투자 수익을 얻기 위해 더 많은 돈을 저축해야 한다.

30대 직장인이라면 월급의 몇 %를 적립해야 하나?

10%면 아주 훌륭하다. 젊은 세대는 소비에 치중하지만, 10%씩 꾸준히 저축하고 투자해야 편안한 노후를 기대할 수 있다.

자산 운용 측면에서 가장 중요한 것은?

여러 번 말했지만 분산투자다. 두 가지 측면이 있다. 하나는 앞에 설명한 실물 자산(부동산, 주식, 원자재)과 금융자산(예금, 채권)에 대한 분산투자고, 다른 하나는 국내 자산과 해외 자산에 대한 분산투자다.

장기 자산 운용에서 가장 위험한 것은 모든 자산이 한 방향으로 움직이는 것이다. 그런 시나리오는 금융시장이 불안할수록 가능성이 높아진다.

수익률 말고 변동성도 중요하다고 말했다.

맞다. 많은 투자자들이 수익률만 본다. '몇 %를 벌었느냐' 못지않게 '그동안 수익률이 어떻게 움직였느냐'도 중요하다. 이것이 변동성이다. 1년 동안 10%를 벌었다고 하자. 0%에서 10%로 꾸준히 수익을 낸 투자와 -30%까지 내려갔다가 +40% 반등한 투자는 다르다. 최종 결과는 같지만, 투자 기간 중 경험은 매우 다르다. 장기 투자일수록 수익 변동성에 신경 써야 한다.

수익 변동성은 어떻게 측정하나?

투자 성과 지표 중에 '샤프지수Sharp Ratio'가 있다. 수익률 대비 변동성 비율이다. 높을수록 안정적인 고수익을 의미한다. 똑같은 10% 수익을 올렸어도 A 상품은 연중 수익 변동성이 20%, B 상품은 10%라면 A의 샤프지수는 0.5(=10%/20%), B의 샤프지수는 1.0(=10%/10%)이다. B가 우월한 투자다.

샤프지수가 높은 상품을 고르면 되나?

그렇다. 투자자에게 좋은 투자란 성과도 중요하지만, 투자해놓고 잊어버릴 수 있어야 한다. 수익률이 꾸준해야(=변동성이 낮아야) 투자자가 마음고생을 덜하고 생업에 집중하거나 가족과 시간을 보낼 수 있다. 주식만 쳐다보고 있기에 인생은 너무 짧다.

마지막으로 투자 조언을 한 가지 더 한다면?

투자자가 일에 집중하고 가족과 충분히 시간을 보낸 뒤에도 에너지가 남는다면, 회계장부 보는 법을 배우는 것은 괜찮은 듯하다. 회계는 비즈니스 세계의 공통언어다. 회계 정보를 조금만 이해해도 귀동냥 투자보다 훨씬 가치 있고 정확한 투자를 할 수 있다.

회계 정보라… 일반 투자자에게는 지겹고 재미없을 수 있다.

내가 회계 분야 교수라서 이런 말을 하는지도 모르겠다. 회계 정보를 이해하면 인생에 많은 도움이 된다. 예를 들어 나는 직장을 고를 때도 그 회사의 회계 정보를 봤다. '이 회사가 내년에 나한테 월급을 줄 수 있을까?' '보너스를 현금으로 받는 것이 좋을까, 주식으로 받는 것이 좋을까?' '지금 가진 스톡옵션을 실행할까, 보유할까?' 이런 결정을 내리는 데 가장 큰 도움을 준 객관적인 정보는 회사의 회계장부에 있었다.

6

미국 투자자들이 보는 한국 주식

글로벌 분산투자는 미국 투자자들에게도 중요하다. 한국 투자자들에게 글로벌 분산투자로 달러 투자가 필요한 것과 같은 이유다. 미국 주식시장이 세계시장의 절반을 차지하지만, 나머지 절반을 해외에 투자해야 하는 것은 미국 투자자들도 마찬가지다.

특히 자국 중심주의가 강한 미국의 특성상 미국 투자자들이 해외 투자에 소극적인 경우가 많다. 이런 미국 투자자들이 2016년부터 글로벌 분산투자처로 주목한 곳은 '신흥국'이다. 미국이 주도하는 경제성장과 원자재 가격 안정으로 2016년부터 신흥국 증시가 회복하기 시작하면서 2017년 들어 미국 투자자들은 신흥국 투자를 활발히 늘리고 있다.

한국 시장은 미국 투자자들이 오랫동안 선호해온 대표 신흥국 시장이다. 경제 규모나 자본시장 개방성 측면에서 신흥국과 선진국의 경계에 있다고 평가받으며, 견고한 경제 기반과 대규모 외화보유고 등 미국 투자자 입장에서 선호할 만한 특성을 두루 갖췄기 때문이다.

특히 2017년에는 미국 투자자들의 한국 주식 매입이 더 활발할 것으로 보인다. 2017년 들어 보름 동안 외국인의 한국 주식 매수 규모는 2016년 4분기 매수 규모를 넘어섰다. 낙관적인 신흥국 전망에 대표주인 삼성전자의 실적 호조, 한국 주식이 저평가되었다는 인식이 결합된 결과다.

미국 투자자들이 선호하는 한국 주식은?

미국 투자자들이 한국 주식을 고르는 기준은 앞서 찰스 리 교수가 설명한 '질'과 '가격'이다. 주로 전자·은행·증권·화학·철강 업종의 대형주 중심으로 실적 대비 주가가 낮은 종목을 찾는다.

환율과 지배 구조도 주요 고려 사항이다. 원/달러 환율이 상승했을 때 매수하고, 하락하면 매도한다. 지배 구조의 불투명성은 오랜 기간 한국 주식이 저평가된 이유 중 하나다. 미국 투자자들은 지배 구조가 투명하고 안정된 기업을 선호한다.

미국 투자자들이 대형주를 선호하는 데는 여러 가지 이유가 있다. 실적이나 지배 구조의 안정성 외에, 신흥국 관문으로서 역할을 하는 한국 시장의 특성상 신흥국 자금 흐름에 따라 좋은 매수 기회가 생기는 경우가 많기 때문이다. 예를 들어 중국 시장 불안으로 신흥국에서 자금 이탈이 발생할 경우, 한국 증시도 함께 조정을 받는다. 이때 타이밍을 잘 맞추면 실적이 탄탄한 대형주를 싼값에 매수할 수 있다.

외국인 자금이 대형주에 집중되어 자금 이탈 시 대형주의 가격 하락폭이 더 클 때도 있다. 현지 헤지펀드 매니저들은 "한국 증시에서는 좋은 물건이 가끔 더 싸게 나올 때가 있다"고 말한다.

미국 투자자들이 좋아하는 한국 주식 종목 중 KT&G가 있다. 최근 주변의 많은 헤지펀드들이 KT&G 주식을 보유하고 있음을 은연중에 내비쳤다. 한 헤지펀드 매니저가 말하는 KT&G 매수 이유를 들어보자.

"담배 시장의 독점형 구조와 담배 소비량 증가, 해외 담배 판매 호조 등으로 실적 안정성이 뛰어나고, 자회사인 한국인삼공사(정관장)의 해외 매출 전망도 좋다. 40%에 달하는 영업 마진율과 3%에 육박하는 배당도 매력이며, 2016년 하반기 가격 조정으로 주가 대비 순익 비율이 10%까지 떨어져 진입 시점으로 좋아 보인다."

술·담배·도박 관련 주식은 '죄악 주식sin stock'으로 불린다. 중독성이 강해서 수요가 경기 변동의 영향을 받지 않기 때문이다. 2015년 담뱃값 2000원 인상 조치에도 흡연율에 큰 변동이 없으며, 판매량 감소도 예상보다 훨씬 적다.

스탠퍼드 경영대학원 교수 찰스 리에게 듣다

한국 주식시장의 현재와 미래

2017년 신흥국 투자를 추천하나?

자산 배분 관점에서 추천한다. 어느 나라, 무슨 상품을 생각하기 전에 큰 그림에서 신흥국 자산을 바라봐야 한다. 미국 국채와 비교하면 신흥국 자산은 수익률과 변동성이 높다. 투자자는 자신의 기대수익률과 변동성에 대한 내성을 생각해볼 필요가 있다. 자산의 상관관계도 고려해야 한다. 선진국과 신흥국이 같이 움직일까, 다르게 움직일까? 수익률과 변동성, 상관관계를 고려하는 것이 자산 배분 관점이다.

신흥국 주가 방향은 어떻게 전망하나?

장기적으로 상승할 것으로 본다. 금융위기 이후 선진국 위주로 증시가 오르면서 신흥국 주가가 상대적으로 싸졌다. 지난 5년간 미국 증시는 30~40% 오른 반면, 신흥국 증시는 거의 50% 급락했다. 세계경제는 서로 연결된다. 이런 밸류에이션 갭이 오래 유지되기 힘들다. 장기적으로 이 갭은 당연히 좁혀져야 한다. 단기적으로는 불확실성이 여전히 존재한다. 장기적 접근이 필요하다.

본인 헤지펀드(니푼캐피털)도 주로 아시아에 투자한다. 아시아를 긍정적으로 보기 때문인가?

그렇다. 특히 중국과 대만, 한국을 긍정적으로 본다. 나는 장기 투자 결정에서 인구통계학적 원인을 중요하게 생각한다. 인구가 증가하거나 교육 수준이 높은 국가를 선호한다. 중국의 거대한 인구는 미래에 중요한 자원이며, 한국은 인구 증가율이 낮지만 질적으로 뛰어나다. 세계에서 훌륭한 인재들을 가진 나라 중 하나다.

2017년 한국 주식시장에 투자할 계획인가?

그렇다. 신흥국 전망이 전반적으로 좋다. 중국과 대만, 한국은 장기 전망이 좋다고 생각한다.

한국 주식시장의 어떤 점이 매력적인가?

아주 좋은 주식을 좋은 가격에 살 기회가 생긴다는 점이다. 최근 2~3년의 흐름을 보면 외국인 투자 자금이 이탈하면서 한국 주식시장은 전반적으로 저평가되었다.

2017년에 한국 주식 상승을 전망하나?

그렇다. 성장주보다 가치주 상승 가능성에 주목한다. 특히 2016년 외국인 투자 자금이 이탈하면서 대형 가치주 가격이 매력적인 수준까지 떨어졌다고 생각한다. 2017년에 가치주 프리미엄이 회복될 것으로 본다.

눈여겨보는 업종이나 종목이 있다면?

화장품, 식품 등 소비 관련 업종이 여전히 좋다고 본다. 최근 중국 관련 이슈로 주가가 조정을 받으면서 매력적인 종목이 많다. 장기적으로 K-뷰티 등 한류 문화의 힘이 이어질 것이다. 구체적인 이름은 언급하기 어렵지만, 화장품·영화·식품 관련 대형주를 주시하고 있다.

최근 국제적 갈등으로 한류가 주춤하다는 시각도 있다.

미국에 거주하는 중국인의 시각으로 보면, 한류는 한국 자동차보다 훨씬 가능성 있는 수출품이다. 한국 화장품과 드라마, 패션을 싫어하는 여자를 본 적이 없다.

투자 결정 시 북한 리스크는 감안하나?

북한의 지정학적 위험은 항상 존재해왔으며, 단지 한국의 문제가 아니다. 전 세계 다른 지역에도 불안은 있다. 글로벌 포트폴리오 관점에서 균형을 맞추려고 한다. 될 수 있는 한 '거시적 위험macro risk' 요소는 중화하려고 노력한다.

신흥국 투자에 유의할 점이 있다면?

신흥국에 대한 정보는 제한되었다. 개별 국가와 투자 대상에 대한 이해가 제한될 수밖에 없다. 포트폴리오 관점에서 큰 그림을 보고 장기적으로 접근해야 한다. 그런 면에서 대학교수와 헤지펀드 매니저를 겸하는 것이 도움이 될 때가 있다. 헤지펀드 매니저로서 시장 정보를 바로 접해 학생들에게 전달할 수 있고, 교수로서는 큰 그림을 볼 수 있다.

본 대담 내용은 학문적이고 중립적인 목적으로 제공되었으며,
특정 시장과 상품에 대한 상업적 목적으로 이용할 수 없습니다.

특별 부록

1 | 생초보를 위한 미국 ETF 투자 가이드

2 | 알아두면 좋은 미국 주식 정보 사이트

3 | 스탠퍼드 경영대학원 강의실의 투자 노트

생초보를 위한 미국 ETF 투자 가이드

지금까지 살펴본 트럼프 시대의 기회를 ETF 투자를 통해 실행해볼 차례다. 단계별로 본문에서 살펴본 투자 원칙을 점검하며 따라가다 보면 로보어드바이저나 헤지펀드 매니저 못지않은 '미국 ETF 투자 포트폴리오'를 누구나 쉽게 만들 수 있다.

본 사례는 스탠퍼드대학교 경영대학원의 주식 투자 과목 '알파노믹스Alphanomics' 강의 중 '개인투자자를 위한 3대 원칙Three Basic Principles of Money Management'의 일부 내용을 한국 투자자의 기대 수준에 맞춰 재구성한 것이다.

Step 0

시작하기 전에

미국 ETF 투자에 본격적으로 뛰어들기 전에 기본 원칙을 점검해보자. 앞서 언급한 대로 해외 투자는 국내 투자보다 시간과 비용이 많이 든다. 따라서 장기적이고 공격적인 투자에 적합하며, 단기자금이나 대출금으로 하는 해외 투자는 추천하지 않는다.

미국 투자를 포함한 모든 해외 투자는 소득에서 기본 지출은 물론, 연금이나 저축 등을 뺀 '노는 돈'으로 한다는 생각으로 접근해야 한다. 그래야 때로는 과감한 투자 결정도 내릴 수 있으며, 시장이 하락해도 이성적인 대응이 가능하다. 급락한 시점에 돈이 필요해서 어쩔 수 없이 환매, 손실이 나면 그동안 투자한 비용과 노력이 너무 아깝다.

이 원칙을 상기하며 다음 상황을 가정, 미국 투자 ETF 포트폴리오를 만들어보자.

30대 직장인 A씨는 적금과 연금을 빼고 통장에서 1년 동안 묵혀 있는 여윳돈 1000만 원으로 미국 투자를 시작하려고 한다. 낮은 비용으로 소액 분산투자가 가능하며, 다양한 상품을 선택할 수 있는 해외 상장 ETF를 통해 '장기 분산투자' 포트폴리오를 직접 만들 예정이다.

Step 1

투자 기간과 목표 수익률 결정

투자의 시작은 목표 설정이다. 투자 목표는 명확한 숫자로 표현해야 투자 성과를 투명하게 평가하고, 필요할 경우 목표를 수정할 수 있다. 막연히 '적당히 벌고 싶다'고 해서는 앞으로 해야 할 수많은 투자 결정 앞에 시간 낭비할 가능성이 높다.

투자 기간은? 2년
기대수익률은? 연 10%

투자 목표는 크게 두 가지로, 투자 기간과 기대수익률이다. 앞서 5장에서 미국 투자에 합리적인 투자 기간과 수익률로 '2년간 연 10%'를 제시했다.

투자자의 성향과 개인 상황에 따라 기간과 기대수익률은 달라질 수 있다. 1년 뒤 자금 사용 계획이 있거나, 10% 수익률이 낮다고 생각하는 투자자라면 '1년간 15%'로 설정할 수도 있다. 어떤 목표든 확실하게 정하고, 목표에 맞는 투자 결정을 일관성 있게 밀고 나가는 것이 중요하다.

Step 2

3가지 투자 결정과 3가지 원칙

투자 목표를 정했다면 어떤 투자 결정이 필요한지 점검해볼 차례다. 크게 세 가지 결정이 중요하다. 본문에서 언급한 수익률을 결정하는 세 가지 구성 요소, 즉 1) 자산 배분 2) 종목 선정 3) 진입 시기(타이밍)에 대한 투자 결정이 필요하다.

> **자산 배분** | 1000만 원 중 몇 %를 주식, 채권, 부동산 등에 나눠 투자할까?
> **종목 선정** | 핵심 자산(주식, 채권, 부동산)별로 어떤 ETF 종목을 선택할까?
> **진입 시기** | 언제 환전할까? 언제 각 ETF 종목을 매수할까?

이중 자산 배분이 수익의 90%를 결정한다. 투자 결정 노력의 90%를 자산 배분에 할애해야 한다. 본격적인 자산 배분 전에, 본문에 언급한 자산 배분의 3원칙을 점검해보자.

원칙 1 | 핵심 자산을 포함한다 : '주식, 채권, 부동산/원자재'

본문에서 언급한 대로 예일대학교 기금 펀드의 CIO 데이비드 스웬슨 교수는 핵심 자산 세 가지로 주식, 채권, 부동산을 들었다. 스탠퍼드대학교 찰스 리 교수는 실물 자산(부동산, 주식, 원자재)과 금융자산(예금, 채권)을 포함하라고 했다. 표현은 다르지만 메시지는 같다.

"세 가지(주식, 채권, 부동산/원자재) ETF 상품을 포트폴리오에 반드시 포함해야 한다."

> **미국 ETF 포트폴리오에 꼭 포함해야 할 3가지 자산**
> 1 | 주식
> 2 | 채권(혹은 예금)
> 3 | 부동산/원자재

원칙 2 | 세금을 이해한다 : '해외 상장 ETF, 배당소득세 15%, 양도소득세 22%'

절세는 가장 효율적인 재테크 수단이다. 시장 등락은 통제할 수 없지만, 세금은 노력으로 아낄 수 있다. 미국 투자 ETF 관련 세금 체계를 다시 점검해보자. 미국 ETF는 크게 국내에 상장된 ETF와 해외에 상장된 ETF로 나뉜다.

분류	종합소득세(보유 기간 배당)	양도소득세(매도 시 차액)
국내 상장ETF	14%	15.4%
해외 상장ETF	15%*	22%(주민세 포함, 연 250만 원 공제)

* 미국의 배당소득세율이 15%로 우리나라보다 높아 미국 세율 적용, 원천징수 된다.

| 미국 투자 ETF 관련 세금 체계 |

해외 상장 ETF가 국내 상장 ETF보다 명목상 양도소득세율은 높지만, 연 250만 원 공제 혜택과 배당소득이 금융 종합소득 과세 대상이 아님을 본문에서 설명했다. 상품 종류가 국내 상장 ETF에 비교할 수 없이 다양한 것도 강점이다. 본 사례에서는 미국에 투자하는 '해외 상장 ETF'를 중심으로 포트폴리오를 구성한다.

원칙 3 | 거래 비용을 아낀다 : '비용비율 0.5% 미만 ETF'

세금과 마찬가지로 거래 비용도 노력으로 아낄 수 있는 부분이다. 비슷한 상품이라면 수수료가 싼 ETF를 골라야 한다. ETF의 거래 비용은 비용비율Expense Ratio이라 불리는 지수로 표시된다. 비용비율이 0.5%라는 말은 1000만 원을 투자하는 데 연간 비용이 5만 원 정도라는 이야기다

(1000만 원×0.005 =5만 원).

미국 시장에 상장된 ETF의 비용비율은 0.05%에서 1% 이상까지 다양하다. 투자 전략이 복잡하고 특이할수록 비용이 높다. 앞으로 구성할 기본 지수 추종 포트폴리오의 ETF는 비용비율 0.5% 미만인 상품으로 구성해도 충분하다.

Step 3
ETF 상품에 익숙해지자

자산 배분 원칙을 점검했다면, ETF 종목을 둘러볼 차례다. 자산 배분을 결정하기 전에 종목을 둘러보는 이유는 ETF라는 상품에 익숙해지기 위함이다.

페이스북, 삼성전자 같은 주식과 달리 ETF 종목은 이름만 듣고 성격을 파악하기가 쉽지 않다. 최종 구매 결정을 내리기 전에 '상품을 보는 눈'을 키우는 과정이 필요하다. 신발이나 옷 구매로 비유하면, 내게 맞는 브랜드를 고르기 위해 모든 매장을 훑어보는 과정이다.

미국 개인투자자들이 많이 참고하는 사이트는 ETFdb.com(www.etfdb.com)이다. '스크리너Screener' 메뉴로 가면 원하는 기준에 따라 ETF를 고를 수 있다. 대상 자산, 국가, 투자 스타일, 운용사, 과거 성과, 비용 등을 기준으로 상품이 걸러진다. 예를 들어 미국 주식에 투자하는 자산 규모 5억 달러(약 6000억 원) 이상, 비용비율 0.5% 이하의 상품을 찾아보기 위해서 스크리너의 왼쪽 화면에 다음 조건을 입력한다.

Asset Class=Equity, Region=US
Asset>$500,000,000
Expense Ratio<0.50%

초보를 위한 ETF 상품 선택의 중요한 기준으로 1) 운용사 2) 자산 규모 3) 비용비율을 추천한다. Top 10 운용사의, 자산 규모가 크고, 비용비율이 낮은 ETF를 고르면 크게 실패할 위험이 적다. 자산 규모가 크다는 이야기는 그만큼 검증된(성공한) ETF라는 뜻이며, 낮은 비용비율은 저렴한 운용 수수료를 의미한다.

순위	회사	운용 자산(100만 달러)
1	블랙록(BlackRock)	1,015,071
2	뱅가드(Vanguard)	636,803
3	스테이트스트리트(State Street Global Advisors)	511,270
4	인베스코(Invesco PowerShares)	114,653
5	찰스슈왑(Charles Schwab)	62,897
6	퍼스트트러스트(First Trus)	42,681
7	위즈덤트리(WisdomTree)	40,773
8	구겐하임(Guggenheim)	33,119
9	반엑(Van Eck)	33,024
10	프로셰어(ProShares)	26,183

출처 : ETFdb.com(2017년 2월 기준)

| 미국 Top 10 ETF 운용사 |

* 운용사별로 고유의 ETF 브랜드(시리즈)가 있다. 이름이 '아이셰어iShare'로 시작하는 ETF는 블랙록, '파워셰어PowerShare'로 시작하는 ETF는 인베스코의 상품이다. 뱅가드나 찰스슈왑 ETF는 상품명에 회사 이름이 들어 있어 알아보기 쉽다.

결과 화면이 다음과 같이 뜰 것이다.

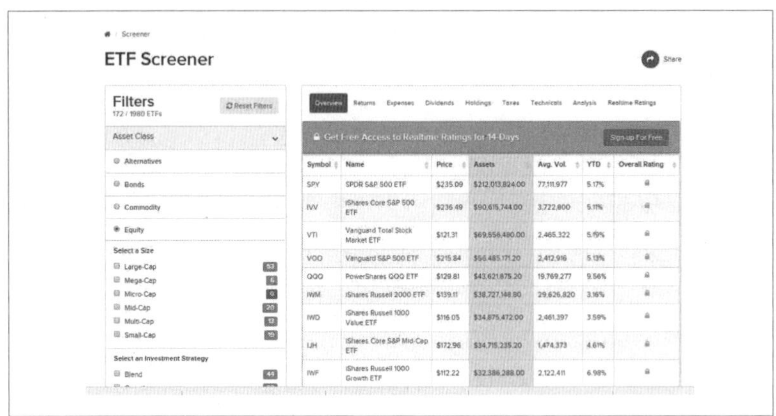

Symbol	Name	Price	Assets	Avg. Vol.	YTD	Overall Rating
SPY	SPDR S&P 500 ETF	$235.09	$212,013,824.00	77,111,977	5.17%	
IVV	iShares Core S&P 500 ETF	$236.49	$90,615,744.00	3,722,800	5.11%	
VTI	Vanguard Total Stock Market ETF	$121.31	$69,556,480.00	2,465,322	5.19%	
VOO	Vanguard S&P 500 ETF	$215.84	$56,485,171.20	2,412,916	5.13%	
QQQ	PowerShares QQQ ETF	$129.81	$43,621,875.20	19,769,277	9.56%	
IWM	iShares Russell 2000 ETF	$139.11	$38,727,148.80	29,626,820	3.16%	
IWD	iShares Russell 1000 Value ETF	$116.05	$34,875,472.00	2,461,397	3.59%	
IJH	iShares Core S&P Mid-Cap ETF	$172.96	$34,715,235.20	1,474,373	4.61%	
IWF	iShares Russell 1000 Growth ETF	$112.22	$32,386,288.00	2,122,411	6.98%	

이중 상위 4개 상품을 살펴보자. 모두 Top 10 운용사의 ETF다. 'SPY'는 스테이트스트리트가, 'IVV'는 블랙록이, 'VTI'와 'VOO'는 뱅가드가 운용한다. 자산 규모도 500억 달러를 훌쩍 넘는다.

개별 ETF 종목을 클릭하면 과거 수익률, 배당률, 비용, 주요 편입 종

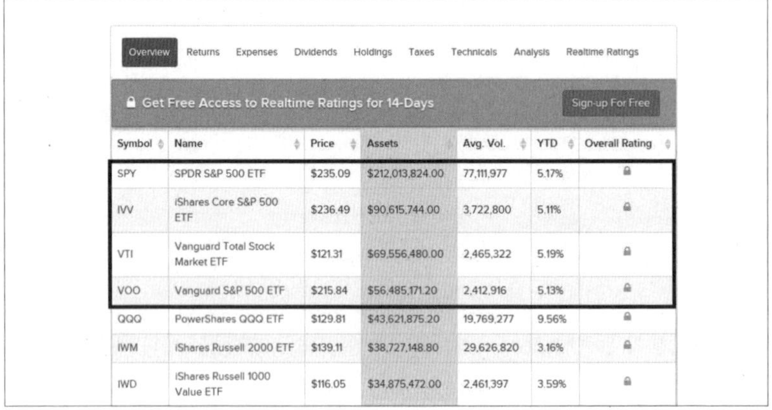

Symbol	Name	Price	Assets	Avg. Vol.	YTD	Overall Rating
SPY	SPDR S&P 500 ETF	$235.09	$212,013,824.00	77,111,977	5.17%	
IVV	iShares Core S&P 500 ETF	$236.49	$90,615,744.00	3,722,800	5.11%	
VTI	Vanguard Total Stock Market ETF	$121.31	$69,556,480.00	2,465,322	5.19%	
VOO	Vanguard S&P 500 ETF	$215.84	$56,485,171.20	2,412,916	5.13%	
QQQ	PowerShares QQQ ETF	$129.81	$43,621,875.20	19,769,277	9.56%	
IWM	iShares Russell 2000 ETF	$139.11	$38,727,148.80	29,626,820	3.16%	
IWD	iShares Russell 1000 Value ETF	$116.05	$34,875,472.00	2,461,397	3.59%	

목, 비슷한 종목 추천 등 궁금한 정보를 거의 다 확인할 수 있다. 비슷해 보이는 ETF도 조금씩 차이가 난다. 본격적으로 자산 배분을 하기 전에 스크리너를 '가지고 놀면서' 상품에 익숙해지자. ETFdb.com 외에 ETF.com, 야후!파이낸스 등도 비슷한 기능을 제공한다.

마음에 드는 상의와 하의, 신발을 몇 가지 골라놓듯이 핵심 자산(주식, 채권, 부동산)별 ETF 종목 후보를 3~4개 골라보자. ETF 쇼핑도 신발이나 옷 쇼핑처럼, 어쩌면 그 이상으로 재미있을 수 있다. 돈을 쓰는 쇼핑이 아니라 돈을 버는 쇼핑이기 때문이다.

Step 4
자산 배분 : 투자 목적과 원칙 점검

ETF 상품이 어느 정도 익숙해졌다면 자산 배분으로 돌아올 차례다. 투자 목표(2년, 연 10%)를 달성하면서 자산 배분 원칙(주식, 채권, 부동산/원자재 포함)에 충실한 포트폴리오 구성이 필요하다.

다음 예시로 몇 가지 자산 배분을 추천한다(284쪽 그래프 참조). 수익형은 주식의 비중이 상대적으로 높고, 중간형과 안정형으로 갈수록 채권의 비율을 높여 안정성을 추구했다.

이중 어떤 포트폴리오가 내 투자 수익률 목표를 충족할 수 있을까? 물론 이 질문의 답은 미래의 시장 움직임에 달렸다. 그러나 투자 결정을 하기 전에 대강 예측해볼 수는 있다.

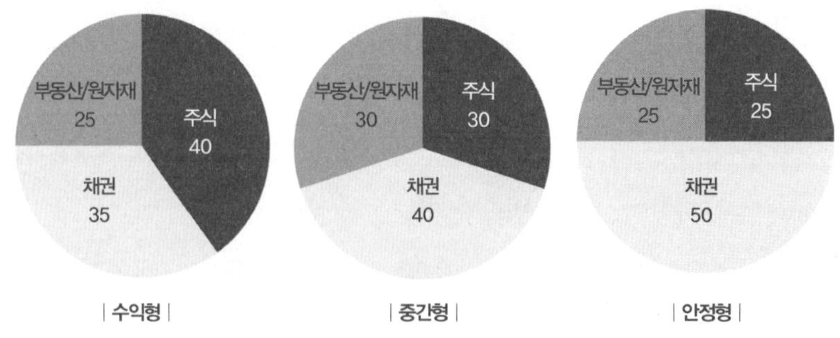

| 수익형 | | 중간형 | | 안정형 |

Step 3에서 골라놓은 ETF 종목을 이용, ETFdb.com에서 관련 정보를 몇 개 검색하는 것으로 충분하다. 수익형 포트폴리오 예시를 통해 수익률 목표 달성 가능성을 예측해보자.

I. 자산 배분				II. ETF 상품 선택		
핵심 자산	분류	세부	비율(%)	종목 이름	비용비율	자산 규모 (100만 달러)
주식	미국 주식	미국 주식시장 전체	30	VTI	0.05%	69,557
		미국 기술주	10	QQQ	0.20%	43,155
채권	미국 채권	미국 채권시장 전체	25	BND	0.10%	31,443
		위험 등급 회사채	10	JNK	0.40%	11,984
		미국 국채 단기채	0	BSV	0.10%	19,575
부동산/원자재	부동산	미국 부동산 전체	15	VNQ	0.10%	32,602
	천연자원	금속	5	VAW	0.10%	1,670
		에너지	5	VDE	0.10%	4,394
		총	100%			

■ 기본상품 ■ 플러스알파 상품

| 미국 투자 ETF 포트폴리오 예시 |

* 기본 상품/플러스알파 등 구체적인 ETF 상품 선택 전략은 부록 3에서 자세히 다룬다.

위의 표처럼 간단한 엑셀 표를 만들어 포트폴리오 투자 계획을 세워보자. 자산 배분과 종목 선택, 매매 수량까지 계획해볼 수 있다. 아무리 좋은 HTS가 있어도 엑셀로 '나만의 장부'를 만드는 작업이 필요하다. 월 수백만 원을 지불하는 고급 트레이딩 시스템을 몇 개씩 이용하는 전문 투자자들도 포트폴리오 통합 관리는 자기만의 스프레드시트로 하는 경우가 많다.

각 ETF 종목의 비용비율과 자산 규모AUM는 ETFdb.com에서 확인 가능하다.

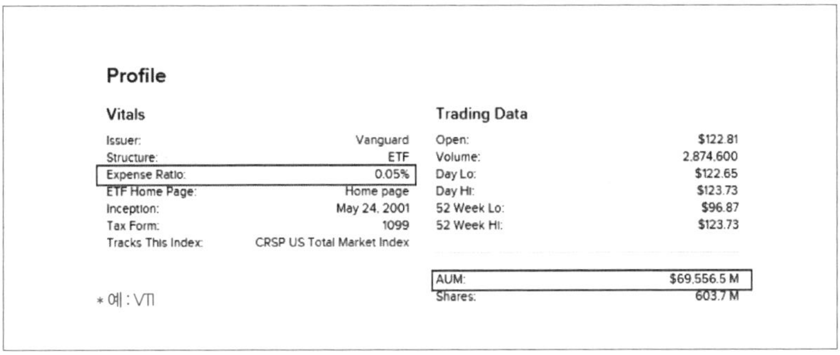

Profile

Vitals

Issuer:	Vanguard
Structure:	ETF
Expense Ratio:	0.05%
ETF Home Page:	Home page
Inception:	May 24, 2001
Tax Form:	1099
Tracks This Index:	CRSP US Total Market Index

Trading Data

Open:	$122.81
Volume:	2,874,600
Day Lo:	$122.65
Day Hi:	$123.73
52 Week Lo:	$96.87
52 Week Hi:	$123.73
AUM:	$69,556.5 M
Shares:	603.7 M

* 예 : VTI

| ETFdb.com에서 비용비율과 자산 규모 확인하기 |

편입한 종목이 앞에서 세운 기준(자산 규모 5억 달러 이상, 비용비율 0.5% 미만)을 충족하는지 확인하자.

이제 위 포트폴리오가 투자 목적을 달성할 수 있을지 생각해볼 차례다.

미국 ETF 포트폴리오의 투자 수익률은 크게 세 가지로 구성된다. 1) 확정 수익인 주식의 배당 혹은 채권 금리 2) 가격 상승 3) 환율 상승이다.

기대수익률(세전)* =1) 주식 배당/채권 금리+2) 가격 상승+3) 환율 상승

* 미국 상장 ETF는 배당에 15%, 가격 상승과 환율 상승에 22% 양도소득세가 있다는 사실을 감안해야 한다.
* 실제 투자 포트폴리오의 기대수익률은 엄밀한 계산이 필요한 작업이지만, 투자자들의 이해를 위해 단순화하여 표현했다.

1) 배당/금리는 확정적인 수익으로 ETFdb.com에서 각 종목의 배당률Dividend을 확인할 수 있다.

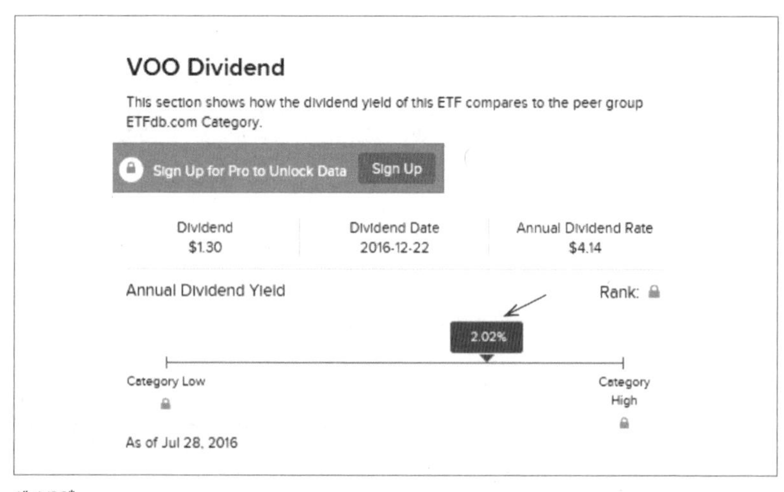

예 : VOO*

| ETFdb.com에서 배당률 확인하기 |

포트폴리오에 포함한 각 ETF 종목의 배당률을 확인해보자.

총 투자금액	1,000만원
환전환율	1,150원

■ 기본상품 ■ 플러스알파 상품

I. 자산 배분				II. ETF 상품 선택			III. 기대수익률 구성			
핵심 자산	분류	세부	비율(%)	종목 이름	비용비율	자산 규모 (100만 달러)	배당 혹은 금리	가격 상승	환율 상승 총수익률 (세전)	총수익률 (세전)
주식	미국 주식	미국 주식시장 전체	30	VTI	0.05%	69,557	1.92%	10%	5%	16.9%
		미국 기술주	10	QQQ	0.20%	43,155	1.01%	10%	5%	16.0%
채권	미국 채권	미국 채권시장 전체	25	BND	0.10%	31,443	2.47%	−5%	5%	2.5%
		위험 등급 회사채	10	JNK	0.40%	11,984	3.52%	−5%	5%	3.5%
		미국 국채 단기채	0	BSV	0.10%	19,575	1.47%	−5%	5%	1.5%
부동산/원자재	부동산	미국 부동산 전체	15	VNQ	0.10%	32,602	4.82%	10%	5%	19.8%
	천연자원	금속	5	VAW	0.10%	1,670	2.00%	10%	5%	17.0%
		에너지	5	VDE	0.10%	4,394	1.01%	10%	5%	16.0%
2017년 2월 기준		총	100%					포트폴리오 기대수익률		12.3%

2) 배당률 외에 나머지 수익률을 구성하는 가격 상승과 환율 상승은 예측이 필요한 부분이다. 투자자 개인의 관점이 필요하다. 예를 들어 주식과 부동산 가격은 연 10% 상승, 채권은 5% 하락, 환율은 5% 상승을 가정할 수 있다.

연 10% 수익을 위한 시장 시나리오

- 미국 주식 : 10% 상승
- 미국 채권 : 5% 하락
- 원/달러 환율 : 5% 상승
- 부동산/천연자원 : 10% 상승

이 가정은 합리적인가? 앞서 5장에서 UC버클리 경영대학원 샘 올레스키 교수는 2017년 미국 주가에 대해 10~15% 상승을 예상했다. 부동산 시장도 적극적인 투자자들은 2017년에 10%대 상승이 가능하다고 본다. 투자자 개인의 판단이 필요한 부분이다.

시장이 위의 시나리오대로 움직일 경우, 위에 예시로 든 수익형 포트폴리오는 연 12%(세전) 수익을 달성할 수 있다. 세전 수익 12%면 세후 수익도 10% 내외일 것이다. 목표 수익률 달성 가능성을 대략적으로 판단해보는 것은 투자 결정에 큰 도움이 된다. 다소 막연할 수 있는 투자 목표(2년, 연 10%)를 시나리오를 기반으로 이해할 수 있기 때문이다.

> **"2년간 연 10% 수익이 가능한가?"와 같은 질문들**
> - 미국 주식은 향후 2년간 평균 10% 오를까?
> - 지금 1150원인 환율이 올해 말 1190원까지 상승(+5%)할 수 있을까?
> - 미국 금리 인상이 빨라지면 내 수익률이 어떻게 변할까?

질문의 답이 '예스'인지 '노'인지에 따라 포트폴리오의 투자 목표 달성 여부가 달라진다. 답이 '노'라면 자산 배분을 조정하거나, 투자 목표를 수정해야 한다. 미국 ETF 투자는 장기 투자인 만큼 기대치가 합리적이어야 매일매일 시장 등락에 집착하지 않고 냉정한 판단을 내릴 수 있다.

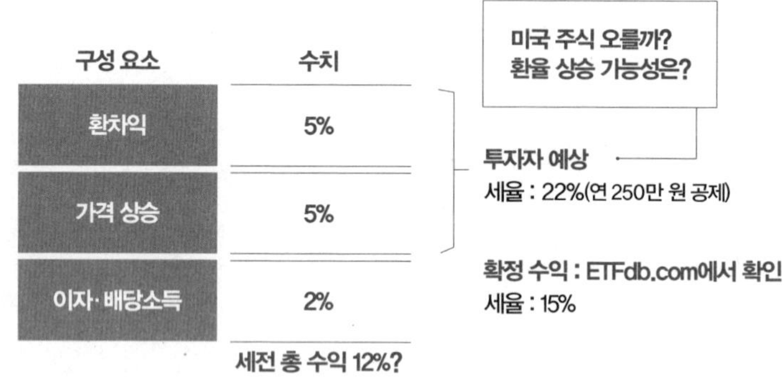

| 내 포트폴리오가 투자 목표를 달성할 수 있을까? |

Step 5

진입 시기 결정

이제 자산 배분과 종목 선정이 끝났다. 마지막 세 번째 퍼즐은 진입 시기(타이밍)다. 언제 환전할까? 언제 ETF 종목을 매입할까?

원칙적으로 투자 기간을 2년으로 잡았다면 진입 시기가 크게 중요하지 않다. 여러 번 강조했다시피 자산 배분이 수익의 90%를 결정한다. 개별 ETF의 매수 시점은 큰 상관이 없다. 타이밍 때문에 스트레스 받을 필요가 없다는 얘기다.

단, 가능하면 모든 종목을 동시에 매수해 포트폴리오를 한 번에 구성하는 작업이 필요하다. A 종목을 먼저 사고 B를 나중에 사면 시차가 발생해 전체 포트폴리오 수익률이 변동성에 노출된다.

진입 시기를 고민할 필요가 있는 요소는 '원/달러 환율'이다. 달러화로 하는 미국 ETF 투자는 환율 등락이 수익에 주는 영향이 크다. 환율은 하루에 몇 %씩 움직이기도 하므로, 투자 시점을 잘못 잡을 경우 진입한 다음 날 평가 손실이 생길 수 있다. 투자자들이 피하고 싶어 하는 시나리오다.

원/달러 환전 시기는 개인투자자 입장에서 미세한 환율 움직임까지 예측하려고 애쓰기보다, 과거 3~6개월간 환율 등락을 살펴보고 목표 환율을 정하는 방법을 추천한다.

미국 투자 정보가 다양하고 쉬운 형태로 정리된 사이트 중 하나가 야후!파이낸스(https://finance.yahoo.com)다. 검색창에 KRW=X를 입력하면 환율 차트가 보인다. 야후!파이낸스에서 최근 원/달러 환율 움직임

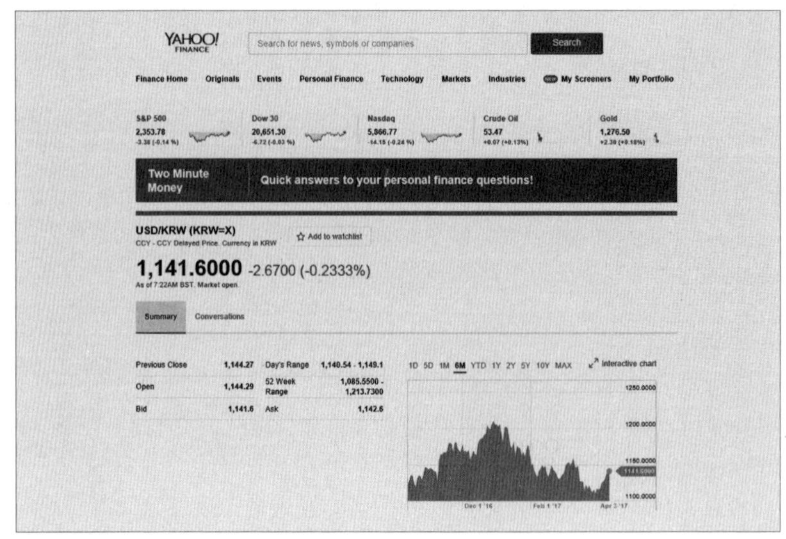

| 야후!파이낸스 환율 차트 화면 |

을 확인해보자.

차트에서 원/달러 환율은 지난 1년간 1100~1200원에서 움직였다. 2017년 들어 1200원에서 1140원까지 하락한 점이 눈에 띈다(트럼프가 이민 장벽, 보호무역에 이어 환율 조작국 지정의 초강수를 둘 것이라는 우려로 엔화, 위안화와 함께 원화 가치가 급등했다).

원/달러 환율은 더 하락할 수도 있고, 여기서 반등할 수도 있다. 그러나 지난 3개월간 범위의 하단에 와 있는 것은 분명하다. 미국 투자의 진입 타이밍(달러 매수/원화 매도)으로 나쁘지 않다.

진입 시기를 '지금'으로 결정했다.

Step 6
ETF 종목 매입하기

투자 결정이 끝나고 실행이 남았다. 앞서 언급한 대로 ETF의 장점은 주식과 같이 쉬운 매매다. 미국 ETF 역시 국내 주식과 거의 동일한 매매 과정을 거친다. HTS나 MTS를 이용하면 된다. 유일한 차이는 환전이 필요하다는 점이다.

미국 해외 상장 ETF 매입 과정

1 | 계좌 개설 : 별도의 계좌 개설 없이 주식거래 계좌를 통해 HTS나 MTS로 거래.

2 | 환전 : HTS나 MTS의 '환전 신청' 메뉴로 환전. 평일 오전 9시부터 오후 4시까지 환전이 가능하며, 은행 고시 환율이 적용된다.

3 | 매매 : 주문 수량을 계산하여 실시간 혹은 주문을 통해 매입한다.

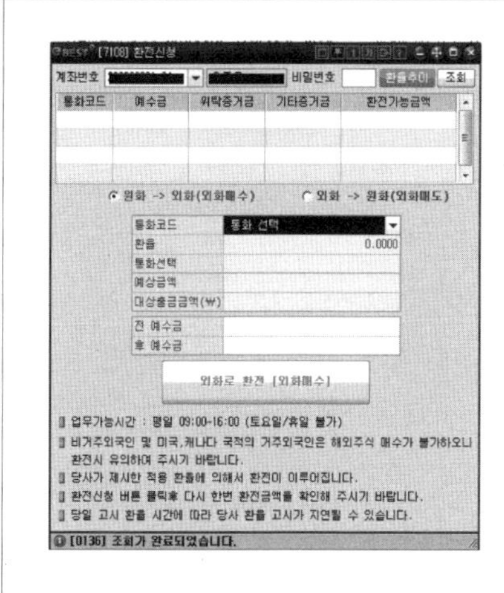

| 이베스트투자증권 HTS의 환전 신청 화면 |

환전 환율이 정해졌다면 매입에 들어가기 전, 환전 환율을 적용해 각 종목의 매입 수량을 정리해보자. 시차 없이 한 번에 투자하기 위한 준비 과정이다.

해외 상장 ETF도 HTS를 통해 일반 주식과 동일하게 거래할 수 있다. 실시간 거래나 주문 모두 가능하다. 미국 주식시장의 개장 시간이 한국 시간으로 한밤중인데다 HTS나 MTS는 15분 지연 시세를 제공하므로, 실시간 거래보다 주문을 통한 매입을 추천한다.

미국 투자 ETF 포트폴리오 : 종목별 매매 수량 정하기

1000만 원을 1150원에 환전하면 약 8700달러다. 이를 위의 수익형 포트폴리오의 자산 비율에 따라 나눈 다음, 각 ETF의 가격을 적용해 매매 수량을 정한다.

I. 자산 배분		II. ETF 상품 선택			IV. 매매 수량	
핵심 자산	비율(%)	종목 이름(Ticker)	투자금(원)	투자금($)	ETF 가격($)	수량(=투자금$/ETF 가격)
주식	30	VTI	3,000,000	2,586	118.42	21.8
	10	QQQ	1,000,000	862	125.68	6.9
채권	25	BND	2,500,000	2,155	36.88	58.4
	10	JNK	1,000,000	862	80.00	10.8
	0	BSV	–	–	36.88	0.0
부동산/원자재	15	VNQ	1,500,000	1,293	79.56	16.3
	5	VAW	500,000	431	82.80	5.2
	5	VDE	500,000	431	118.28	3.6
총	100%					

* 'VTI' 22주, 'QQQ' 6주를 매입하기로 한다. 환전 금액이 부족할 경우에 대비해 매매 수량의 소수점은 내림한다.

참고로 미국 ETF의 거래 가능 시간은 서머타임이 적용되는 3월 둘째 일요일부터 11월 첫째 일요일까지 한국 시간으로 오후 10시 30분~오전 5시다. 서머타임이 적용되지 않는 기간에는 오후 11시 30분~오전 6시다. 결제일은 T+4, 수수료는 0.25%×거래 금액과 7달러 중 큰 금액이다.

HTS로 일반 주식과 동일하게 미국 상장 ETF를 매입할 수 있다

주문 가격 결정도 중요한 투자 판단이다. 빠른 체결을 원한다면 높은 가격에, 기다려서라도 매수 단가를 낮추고 싶다면 낮은 가격에 매수 주문을 낸다. 대략 고가, 저가를 보고 당일 거래 레인지를 파악한 뒤 주문 가격을 정한다. 현재 가격과 가까울수록 빨리 체결될 것이다.

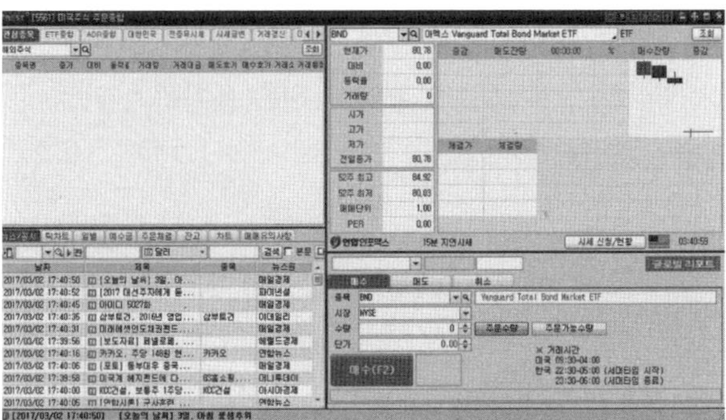

미국 주식 주요 정보

- 미국 주식거래 비용 : 0.25%(HTS, MTS)와 7달러 중 큰 금액
- 미국 주식거래 수수료 : 1000달러를 거래할 경우 2.5달러(1,000×0.0025)와 7달러 중 큰 금액인 7달러
- 1만 달러를 거래할 경우 25달러(10,000×0.0025)와 7달러 중 큰 금액인 25달러
- 미국 주식 결제일 : T+4 (1월 2일 월요일에 매도하면 1월 5일 목요일에 대금이 들어옴)
- 미국 주식거래 시간 :
  오후 10시 30분~오전 5시(3월 둘째 일요일~11월 첫째 일요일 : 서머타임 적용)
  오후 11시 30분~오전 6시(서머타임 해지)

Step 7

사후 관리 : 자산 재배분과 세금 신고

모든 투자 과정을 마쳤다. 이제 2년간 포트폴리오가 잘 작동하여 목표 수익을 낼 수 있기를 바랄 차례다. 그러나 잠깐잠깐 할 일은 아직 남았다. 두 가지 사후 관리가 필요하다.

사후 관리 1 | 3~6개월에 한 번, 자산 재배분

첫째, 자산 재배분이다. 종목별 편입 비율을 유지하기 위해 주기적으로 종목 수량을 조절하는 작업이다.

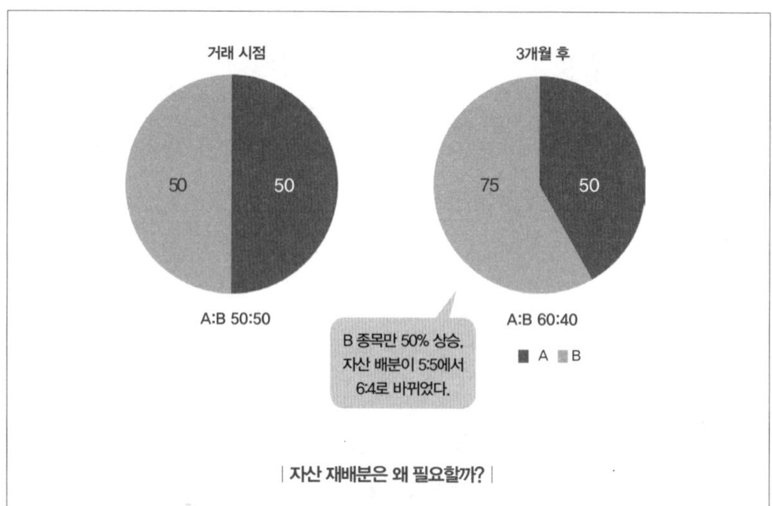

| 자산 재배분은 왜 필요할까? |

A, B 종목을 절반씩(50:50) 편입한 포트폴리오가 있다고 하자. A 종목은 3개월 뒤에 50% 오르고, B 종목은 그대로라면 A, B 종목의 편입 비율은 60:40이 된다. 따라서 50:50 비율을 유지하기 위해서는 A와 B를 62.5(=125×50%)씩 보유해야 한다. A는 12.5만큼 추가 매수, B는 12.5만큼 매도가 필요하다.

자산 재배분을 하지 않고 그대로 두면 분산투자 포트폴리오의 비중을 유지할 수 없다. 자산 운용사와 펀드매니저도 주기적으로 포트폴리오 비중을 평가해서 오른 종목은 팔고, 내린 종목은 사면서 비중을 유지하려고 한다.

이론적으로 자산 재배분은 투자 수익을 높인다. 단기간에 급등한 B보다 A의 상승 가능성이 높기 때문이다. B를 매도하고 A를 매수하는 것은 좋은 고점 매도/저점 매수 전략이다. 미국 주식의 과거 성과를 보면, 자산 재배분을 한 포트폴리오의 수익은 자산 재배분을 하지 않은 포트폴리오의 수익보다 높다.

출처 : 앤드루 앵, 《자산 관리Asset Management》

자산 재배분은 얼마 만에 하는 것이 좋은가? 정해진 답은 없으나 일반적으로 3~6개월에 한 번이 적당하다고 본다. 적어도 6개월에 한 번은 HTS나 MTS의 종목별 평가 금액을 확인해서 비중이 변했는지 확인해보자. 미세하게 조정할 필요는 없지만, 큰 변동이 있다면 거래 비용이 부담되지 않는 선에서 자산 재배분이 필요하다.

사후 관리 2 | 1년에 한 번, 양도소득세 신고

둘째, 1년에 한 번씩 하는 양도소득세 신고·납부다. 미국 주식이나 ETF 거래로 발생한 양도소득에는 22%(주민세 포함) 세율이 적용된다. 이익금에서 손실금과 수수료를 뺀 금액에서 250만 원을 공제하고, 22%를 곱하면 된다.

1년 동안(1월 1일~12월 31일) 미국 ETF 거래로 총 수익이 250만 원 이상 발생한 경우, 이듬해 5월 주소지 관할 세무서에 양도소득세를 신고·납부해야 한다. 신고 양식은 HTS나 MTS에서 내려받을 수 있으며, 국세청 홈택스 전자 신고도 가능하다.

양도소득세 금액=(매매 이익－매매 손실－수수료－250만 원)×22% **기간 : 5월 중(전년 1월 1일~12월 31일 확정 소득에 대해)**

양도소득세는 '확정 소득'에 대해서 부과된다. 즉 주식을 거래하여 매매 차익이 발생한 경우 부과된다는 의미다. 미국 투자 ETF 포트폴리오 구성 후 2년간 매매가 일어나지 않았다면 세금 납부 의무가 없다.

위의 자산 재배분 예시의 경우, 50% 상승한 B를 매도할 때 발생한 차액은 과세 대상이다. 차액 산정 시 적용되는 환율은 결제 대금이 입출금되는 날 기준이다.

2

알아두면 좋은 미국 주식 정보 사이트

[미국 ETF 포트폴리오를 통해 장기 분산투자를 끝내고 여윳돈이 있다면, 미국 주식 개별 종목에도 관심을 가져보자. 주식 투자에 적극적인 미국 투자자들은 인터넷을 통해 다양한 주식 정보를 접한다. 이중 인기 있는 주식 정보 사이트를 소개한다.]

테마주를 찾아라 | MotifInvesting.com

투자 아이디어가 떠올라 관련 종목을 찾고 싶다면 모티프 인베스팅을 추천한다. '인프라 투자''금리 인상' '온라인 게임' '인공 지능' 등 검색어를 입력하면 관련 종목을 확인할 수 있다. 투자 아이디어는 있는데 관련 종목이 무엇인지 잘 모르는 투자자에게 특히 유용하다. 종목별 과거 수익률과 테마 관련 뉴스도 한눈에 볼 수 있으며, 모든 데이터를 엑셀로 내려받을 수 있다.

금융 콘텐츠의 강자 | finance.yahoo.com

야후는 인터넷 검색 엔진으로서는 실패했으나, 금융 콘텐츠 분야에서는 여전한 강자다. 몇 년 전만 해도 채권시장에서는 야후!메신저로 매매되기도 했다. 야후!파이낸스 역시 오랜 역사만큼 강점이 있다. 개인투자자 입장에서 필요한 모든 정보는 야후!파이낸스 하나면 거의 해결된다. 주가나 기업 분석 정보, 차트, 뉴스 등을 한 사이트에서 전부 보고 싶다면 야후!파이낸스가 답이다.

월스트리트보다 정확하다 | Estimize.com

미국 주식은 실적에 따라 움직인다. 실적 전망을 증권사 리포트에서 보던 시대는 지났다. Estimize.com은 미국 전역에 4만 명이 넘는 전·현직 애널리스트가 전망한 기업 실적을 한눈에 보여준다. 2003년에 설립된 에스티마이즈 웹사이트에는 미국 주식 종목 2000여 개에 대한 실적 전망이 매일 업데이트된다. 에스티마이즈 전망치의 신뢰도가 높아지면서 월가의 금융기관들도 에스티마이즈를 참조한다.

트위터로 떠는 주식 수다 | StockTwits.com

트위터의 매력은 짧고 강한 메시지다. 초 단위로 변하는 주식시장에 잘 어울리는 매체다. 스톡트위츠에는 주식 종목에 대한 다양한 의견과 정보, 관련 뉴스가 실시간으로 올라온다. 모바일로 봐야 제맛이지만, 한국에서는 불가능하니 웹사이트로 볼 수밖에 없다.

전 · 현직 금융시장 전문가들이 작성한 고급 주식 분석 | SeekingAlpha.com

스톡트위츠보다 깊이 있는 주가 분석 자료가 보고 싶다면 시킹알파를 추천한다. 전·현직 금융시장 전문가들과 전업 트레이더들이 분석한 주가 분석 자료가 풍부하다. 2004년 설립된 이래 풍부하고 신뢰도 높은 콘텐츠를 바탕으로 주류 금융 언론사(MSN Money, CNBC, 야후!파이낸스, MarketWatch, 나스닥 등)와 파트너십을 맺었으며, 2014년 기준 300만 가입자와 월 800만 방문자를 자랑하는 미국 최대의 금융 콘텐츠 플랫폼이다. 톱 스쿨 경영대학원에서도 시킹알파의 분석을 참고한다.

펀드, ETF 평점은 여기서 | morningstar.com

1982년 시카고에 설립된 모닝스타는 투자 분석 전문 기관이다. 펀드나 ETF에 대한 평점을 별 5개 기준으로 부여한다. 평점 부과 방식에 논란은 있으나, 여전히 가장 많은 투자자들이 펀드를 비교할 때 참고하는 사이트다.

조지 소로스가 최근에 산 주식이 궁금하면 | gurufocus.com

'구루'는 산스크리트어로 정신적 스승, 판타지에서는 최고의 마법사를 일컫는 말이다. 워런 버핏, 조지 소로스 등 투자 업계 '구루'들과 주요 금융기관 CIO들이 최근에 매수·매도한 주식을 볼 수 있다. 이외 수준 높은 리서치와 데이터 자료도 제공하나 대부분 유료다. 가입비는 연간 350달러부터다. 개인투자자 입장에서는 무료로 제공하는 정보도 충분하다.

전 세계 금융 뉴스를 한눈에 | barrons.com

파이낸셜타임스(www.ft.com)와 월스트리트저널(www.wsj.com) 말고 금융시장에 초점을 맞춘 뉴스만 보고 싶다면 바론즈를 추천한다. 다우존스의 노하우가 느껴지는 고급 금융 뉴스가 업데이트 된다. 미국 주식은 물론, 전 세계 금융시장에 대한 분석 자료가 강점이다.

ETF 최신 트렌드 업데이트, 상품 비교 | etftrends.com

ETF 시장이 성장하면서 하루가 멀다 하고 새로운 ETF가 쏟아진다. 최신 ETF 상품은 물론 주식, 채권, 외환 등 자산별 ETF 상품을 관련 뉴스와 연결해볼 수 있다. 상품 따로, 뉴스 따로 볼 필요 없이 최근 금융시장 동향과 상품을 함께 볼 수 있는 것이 장점이다. 비슷한 ETF 상품의 세부 내용을 비교한 기사도 많아 최종 상품 결정에 도움이 된다.

글로벌 경제지표와 환율을 한 번에 | tradingeconomics.com

전 세계 경제지표를 가장 일목요연하게 확인할 수 있는 사이트다. 각국의 경제성장률, 금리, 환율, 인구 등 거시 경제지표를 숫자와 그래프로 확인할 수 있다. 특히 캘린더 메뉴에 경제지표 발표 일정이 잘 정리되어 투자 계획을 세우기 좋다.

스탠퍼드 경영대학원 강의실의 투자 노트

미국 ETF 투자를 처음 시작하는 투자자를 위해 종목 선택 기준과 과정을 구체적으로 제시한다. 스탠퍼드대학교 경영대학원의 주식 투자 과목 '알파노믹스' 강의 중 '개인 투자Personal Investing 101'의 내용을 발췌한 것이다.

기본 기준 점검 : 운용사, 자산 규모, 비용비율

앞서 ETF 상품 선택 기준으로 운용사, 자산 규모와 비용비율을 제안했다. 미국 투자를 처음 시작하는 투자자에게는 메이저 운용사의 검증된 ETF를 추천한다. 자산 규모가 크고 전략이 단순한 펀드일수록 거래 비용도 저렴하다.

1 | **운용사 :** 정말 맘에 드는 상품이 아닌 이상 Top 10 운용사 상품을 추천한다. 이름에 iShare(블랙록), ProShare(프로셰어), Powershare(인베스코), SPDR(스테이트스트리트)이 들어간 경우 Top 5 운용사 상품이라고 보면 된다.

2 | **자산 규모 :** 5억 달러(약 6000억 원) 이상

3 | **비용비율 :** 0.50% 이하(지수 추종 기본 상품에 수수료를 0.50% 이상 지불할 이유가 없다).

핵심 자산별 '기본 상품'과 '플러스알파'

구체적인 ETF 상품 구성은 핵심 자산별로 '기본 상품'을 선택하고, 기호에 따라 '플러스알파' 상품을 추가하는 접근을 추천한다. 플러스알파 상품에 특별한 선호가 없다면 기본 상품으로만 구성해도 괜찮다. 앞서 '투자 가이드'에 제시한 포트폴리오에서도 핵심 자산별 '기본 상품'과 '플러스알파'의 접근 방식을 택했다.

핵심 자산군	기본 상품	플러스알파
주식	VTI	QQQ
채권	BND	BSV, JNK
부동산/원자재	VBQ	VAW, VDE

| ETF 종목 구성 : '기본 상품'과 '플러스알파' 접근 방법 예시 |

기본 상품으로 적합한 ETF 종목은?

어떤 ETF가 기본 상품으로 적합한지 핵심 자산별로 살펴보자.

	상품 성격	대표 ETF
주식	미국 주식 3대 지수 추종 ① 다우 ② S&P ③ 나스닥	DIA(다우), SPY(S&P500), QQQ(나스닥)
채권	5년 미만 만기 단기 미국 국채 추종 미국 채권 시장 전체 추종	BND(채권 전체), BSV(단기 국채)
부동산/원자재	미국 전국 리츠 추종, 미국 원자재 기업 추종	IYR(리츠), VNQ(리츠), XLE(원자재 기업)

| 기본 상품으로 적합한 ETF |

핵심 자산별 대표 ETF를 찾기에 편리한 사이트는 핀비즈(finviz.com)다. 특히 자산별 ETF의 규모와 과거 성과를 한눈에 볼 수 있는 'ETF 지도' 기능이 유용하다.

핀비즈의 ETF 지도를 살펴보자. 미국 주식(US Index)은 SPY, DIA, IVV, QQQ가 규모가 크다는 것을 확인할 수 있다. 각 상품을 클릭하면 비슷한 상품의 이름과 과거 수익률도 확인할 수 있다.

핀비즈의 지도를 참고해 핵심 자산별 기본 상품을 선택하고, 앞서 언급한 ETFdb.com에서 각 종목에 대한 상세 정보를 검색한다. 같은 방법으로 '플러스알파' 상품 후보도 고를 수 있다. 지역, 업종, 스타일, 성향에 따라 수천 개 상품이 가능하다.

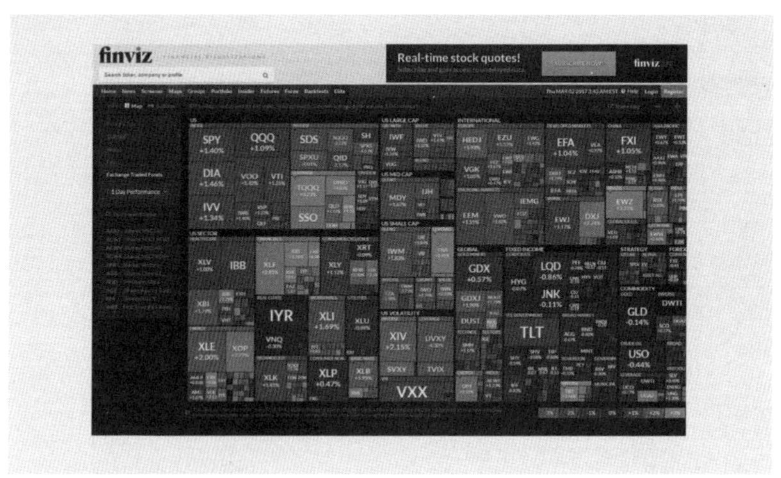

| 핀비즈 ETF 지도 |

스탠퍼드 경영대학원에서 토론한 유망 ETF 상품

그래도 상품 선택이 어려운 독자들을 위해 2016년 스탠퍼드대학교 경영대학원의 주식 투자 수업 '알파노믹스'에서 토론한 유망 ETF 상품을 핵심 자산별(주식, 채권, 부동산)로 소개한다. 기본 상품으로 적합한 ETF도 있고, 아직 작지만 참신한 투자 전략을 적용해 성장 전망이 좋은 신상 ETF*도 있다.

* 본 ETF 상품은 이론적 목적으로 토의되었으며, 특정 상품을 상업적 목적으로 추천하지 않는다(배당률, 자산 규모 등 수치는 2017년 2월 기준).

1 | 주식

기본 상품 | 미국 주식시장 전체 분산투자

> **Vanguard Total Stock Market ETF(VTI)**
> ▪ 운용사 : 뱅가드 ▪ 자산 규모 : 약 695억 달러 ▪ 비용비율 : 0.05% ▪ 배당률 : 1.95%

미국 주식시장 전체에 투자하는 ETF. 비용비율이 0.05%에 불과하며, 미국 주식 전반에 분산투자 효과가 크다. 대기업 비율이 높다.

기본 상품 | 기술주 중심 나스닥 분산투자

> **PowerShares QQQ ETF(QQQ)**
> ▪ 운용사 : 인베스코 ▪ 자산 규모 : 약 434억 달러 ▪ 비용비율 : 0.20% ▪ 배당률 : 1.00%

기술주 중심 나스닥 상장 종목에 투자하는 ETF. 'FANG'으로 불리는 페이스북, 아마존, 넷플릭스, 구글 주가가 2015년 이후 50% 가까이 급등하면서 QQQ 가격도 상승했다. 향후 트럼프 정부의 경제정책, 중국과 통상 마찰 가능성으로 2016년 말에 상승세가 꺾였으나 2017년 들어 회복했다.

플러스알파 | 버라이즌, AT&T 등 미국 통신업체 분산투자

> **Vanguard Telecom Services Sector(VOX)**
> ▪ 운용사 : 뱅가드 ▪ 자산 규모 : 약 148억 달러 ▪ 비용비율 : 0.10% ▪ 배당률 : 2.68%

버라이즌, AT&T, T모바일 등 미국 통신 산업에 투자하는 ETF. 안정적인 사업 구조와 상대적으로 높은 배당률이 매력이다. 2016년에는 통신업체들이 발행한 하이일드 채권 가격이 급락하면서 배당률이 4%대까지 올라 더욱 매력적이었다.

:: **유사 상품** | 비슷한 전략을 유럽과 유럽+아시아 시장에서 구사하는 ETF 상품

- Van Europe Pacific ETF(VEA) : 유럽과 아시아
- Van European ETF(VGK) : 유럽

플러스알파 | 성장성보다 안정성 위주 '최소 변동성 전략' ETF

> **iShares MSCI USA Min Vol Index(USMV)**
>
> ■ 운용사 : 블랙록 ■ 자산 규모 : 약 22억 6000달러 ■ 비용비율 : 0.25% ■ 배당률 : 2.2%

ETF 이름에 포함된 'Min Vol'은 최소 변동성minimum volatility의 줄임말이다. 높은 수익률보다 낮은 변동성이 종목 선정 기준이라는 의미다. 안정성 위주의 주식을 선택 · 편입하며, 장기적으로 주가지수보다 높은 수익률을 목표로 한다. 세계시장 변동성이 확대되면서 최소 변동성 전략에 투자자들의 관심이 높아지고 있다.

:: **유사 상품** | 최소 변동성 전략을 추종하는 타 지역 · 국가 ETF 상품

- iShares MSCI EAFE Min Vol Index(EFAV) : 미국 외 선진국
- iShares MSCI USA Min Vol Index(EEMV) : 신흥국

플러스알파 | 신흥국 투자 대표 ETF

> **Vanguard FTSE Emerging Markets ETF(VWO)**
>
> ■ 운용사 : 뱅가드 ■ 자산 규모 : 약 439억 달러 ■ 비용비율 : 0.15% ■ 배당률 : 2.51%

신흥국 투자 ETF 중 가장 널리 알려진 상품으로, 상위 편입 종목은 중국과 대만 기업이다. 신흥국 투자 전략 중에 비용이 저렴한 편에 속한다. 2016년 이후 신흥국 경기 회복이 본격화하면서 1년 수익률이 28%에 육박한다(2017년 2월 기준).

:: **유사 상품** | 신흥국뿐만 아니라 선진국을 포함한 미국 외 모든 지역을 투자 대상으로 하고 싶다면 Vanguard Total International Stock ETF(VXUS)가 있다.

2 | 채권

기본 상품 | 미국 금리 인상 배당률에 바로 반영, '단기 미국 국채 ETF'

Vanguard Short-Term Bond(BSV)

■ 운용사 : 뱅가드 ■ 자산 규모 : 약 195억 달러 ■ 비용비율 : 0.10% ■ 배당률 : 1.47%

1~5년 만기 미국 단기 국채에 주로 투자하는 ETF다. 배당률이 미국 단기 금리를 따라가므로, 2017년 FRB의 정책 금리 인상과 함께 배당률도 점진적으로 오를 전망이다. 채권에 직접 투자하는 것과 거의 같은 수익률 분포와 가격 등락을 기대할 수 있다.

:: **유사 상품** | 비슷한 전략을 중·장기 채권에도 적용할 수 있다. 채권의 만기가 길어질수록, 투자 등급이 낮은 채권을 편입할수록 배당률이 높다.

- Vanguard L-T Bond Index(BLV) : 만기 10년 이상 국채와 투자 등급 회사채에 투자, 배당률은 4% 수준
- Vanguard Extended Duration Treasury(EDV) : 20년 이상 초장기 미국 국채에 투자하며, 배당률은 3% 수준

플러스알파 | 주식 같은 채권, '하이일드 ETF'

> **SPDR Barclays Hi-Yield Bond(JNK)**
>
> ■ 운용사 : 스테이트스트리트 ■ 자산 규모 : 약 120억 달러 ■ 비용비율 : 0.40%
>
> ■ 배당률 : 3.52%

미국 '투기 등급(하이일드)' 채권에 투자하는 ETF. 1년 이상 만기에 발행 규모가 6억 달러(약 7200억 원) 이상인 채권 종목을 편입한다. 투자 등급보다 낮은 '투기 등급' 채권은 배당률이 높은 편이며, 가격 변동성도 크다. 채권과 주식의 중간 수준 위험과 수익 가능성이 있어 '공격적인 채권 투자' 상품으로 적합하다.

:: **유사 상품** | 다른 운용사의 하이일드 ETF 상품

- iShares Baa–Ba Rated Corporate Bond ETF(QLTB)
- PIMCO 0–5 Year High Yield Corporate Bond Index(HYS)
- ProShares CDS North American HY Credit ETF(TYTE)

플러스알파 | 면세 혜택 미국 지방채 ETF

> **iShares National Muni Bond ETF(MUB)**
>
> ■ 운용사 : 블랙록 ■ 자산 규모 : 약 82억 달러 ■ 비용비율 : 0.25% ■ 배당률 : 1.09%

미국 주 정부가 발행한 지방채에는 면세 혜택이 있다. MUB는 미국 전체 지방채에 가장 넓게 투자하는 ETF로 알려졌다.

:: **유사 상품** | 지방채 ETF 중에도 캘리포니아 주에 집중하는 ETF가 가격 매력도가 높다(2017년 1월 기준). 캘리포니아 주 재정 위기로 2~3년간 가격이 많이 하락한 상태다.

- iShares California AMT-Free Muni Bond ETF(CMF)
- PowerShares California AMT-Free Municipal Bond Portfolio ETF(PWZ)

기본 상품 | 미국 부동산 전체 분산투자 ETF

> **Schwab U. S. REIT ETF(SCHH)**
> ■ 운용사 : 찰스슈왑 ■ 자산 규모 : 약 28억 달러 ■ 비용비율 : 0.07% ■ 배당률 : 2.81%

100% 미국 리츠에 투자하는 미국 리츠 대표 ETF로, 낮은 비용비율과 분산투자가 장점이다. 다우존스 리츠 지수를 추종하며, 미국 전역의 상업용·주거용 부동산에 다양하게 투자한다. 2016년 상반기 이후 금리 인상 경계심으로 가격이 하락했으나, 견고한 부동산 수요로 2017년을 진입 시점으로 보는 시각이 우세하다.

:: **유사 상품** | Vanguard REIT ETF(VNQ) : 뱅가드의 미국 리츠 투자 ETF

- SPDR Dow Jones International Real Estate ETF(SCHH) : SCHH의 글로벌 버전. 전 세계 부동산에 투자하며, 배당률이 8%가 넘는다(2017년 1월 기준). 수익률이 높은 만큼 변동성도 큰 것은 단점이다.

기본 상품 | 석유, 천연가스 등 미국 전통 에너지 산업 분산투자

> **Energy Select Sector SPDR Fund(XLE)**
> ■ 운용사 : 스테이트스트리트 ■ 자산 규모 : 약 176억 달러 ■ 비용비율 : 0.15%
> ■ 배당률 : 2.26%

석유, 천연가스 등 미국의 전통 에너지 산업 관련 주식* 에 광범위하게 투자하는 ETF. 엑슨모빌, 쉐브론 등이 주요 종목이며, 에너지 산업 관련 주식인 만큼 가격 등락이 유가에 민감하다. 유가 상승을 전망하는 투자자에게 적합하다. 주요 종목에 대한 집중도가 높은 편으로, 유가 이외 기업 경영 요인에 따라 가격이 변할 수 있다는 점은 유의해야 한다.

:: **유사 상품** | 미국 전통 에너지 산업에 분산투자 하는 ETF 중 투자 스타일이 다른 ETF

- Guggenheim S&P500 Equal Weight Energy ETF(RYE) : 종목별 비중을 균일하게 유지, 특정 종목에 대한 집중을 피함.
- First Trust Energy AlphaDEX Fund(FXN) : 수동적인 지수 추종이 아니라 적극적인 플러스알파 수익을 추구.

플러스알파 | 금 현물 투자 ETF

SPDR Gold Shares ETF(GLD)

■ 운용사 : 스테이트스트리트 ■ 자산 규모 : 약 304억 달러 ■ 비용비율 : 0.40%

인플레이션 시대에 금 투자가 각광받으며 자산 규모가 커지고 있다. 금 현물을 직접 보유하기 어렵다면 ETF를 통해 금괴를 실제로 가진 것과 거의 동일한 수익을 기대할 수 있다. GLD는 금 선물이 아니라 현물에 100% 투자하는 ETF 상품이다.

---

* 원자재 투자의 수단으로 XLE처럼 원자재 기업의 '주식'에 분산투자 하는 방식이 적절하다. 유가 선물 등 파생상품에 직접 투자하는 ETF 상품도 있으나, 선물 가격에 내재된 마이너스 가격 요소contango 때문에 수익성이 상대적으로 떨어진다.

:: **유사 상품** | 금 현물에 투자하는 다른 운용사의 ETF

- ETFS Physical Swiss Gold Shares ETF(SGOL) : 스위스에 금 보관.
- Physical Asian Gold Shares(AGOL) : 싱가포르에 금 보관.
- iShares Gold Trust ETF(IAU) : 타 상품에 비해 비용비율이 낮다.